Schaarschmidt
Gruppenimprovisation

Helmut Schaarschmidt

Die instrumentale Gruppen-improvisation

Modelle für
Unterricht und Freizeit

1981
Gustav Bosse Verlag
Regensburg

© Copyright 1981 by Gustav Bosse Verlag GmbH & Co. KG Regensburg
Nachdruck, auch auszugsweise bedarf der Genehmigung des Verlages
Printed in Germany — ISBN 3 7649 2213 3

Inhaltsverzeichnis

Vorwort		9
Zum Gebrauch der Improvisationsanleitung		13
1.	Grundlagen der Improvisation	16
1.1	Erstbegegnung mit dem Instrumentarium	16
1.1.1	Freispielen	16
1.1.2	Reagieren auf einen Rhythmus auf einem Ton	16
1.1.3	Rhythmus auf Zwei-Ton-Melodie	18
1.2	Kontaktübungen	18
1.2.1	Gemeinsames Einschwingen	18
1.2.2	Rhythmus-Übergabe durch Staccato-Signal	20
1.2.3	Kofferpacken	20
1.2.4	Fließband	22
1.2.5	Kugelrollen	24
1.3	Takt — Metrum — Tempo	24
1.3.1	Der 2/4-Takt	24
1.3.2	Der 3/4-Takt	26
1.3.3	Tempowechsel	28
1.4	Rhythmus	28
1.4.1	Das Verhältnis von Notenwerten zueinander	28
1.4.2	Kombination von Notenwerten	32
1.4.3	Noten- und Pausenwerte	34
1.4.4	Synkopen	36
1.4.5	Triolen	38
1.4.6	Erfinden differenzierter Rhythmen	42
1.4.7	Polyrhythmik	42
1.4.8	Polymetrik	44
1.4.8.1	Autorennen	44
1.4.8.2	Suppe kochen	44
1.4.9	Erfinden charakteristischer Rhythmen	46
1.5	Aspekte der Klangerfahrung	46
1.5.1	Sonnenaufgang	46
1.5.2	Jahrmarkt	48
1.5.3	Klangkontraste	48
1.5.4	Klangähnlichkeit	50
1.6	Dynamik und Artikulation	50
1.6.1	Dynamik	50
1.6.2	Artikulation	50
1.6.3	Verbindung von Artikulation und Dynamik	52
1.6.4	Fließende Übergänge	52

2	Einstimmigkeit	52
2.1	Arbeit mit wenigen Tönen	52
2.1.1	Vor- und Nachspiel	52
2.1.2	Frage und Antwort	54
2.1.3	Melodisierung eines Rhythmus	56
2.1.4	Entwicklung von Phrasen	56
2.1.5	Intervallübungen	58
2.2	Motivische Arbeit	60
2.2.1	Motive erfinden	60
2.2.2	Motive verändern	60
2.2.3	Aus Motiven werden Themen	62
2.3	Melodiebildung	66
2.3.1	Melodisierung von Rhythmen	66
2.3.2	Erfinden von Ostinati	66
2.3.3	Synthese von Frage und Antwort	68
2.3.4	Zusammensetzen von Melodien aus Melodiebausteinen	70
2.3.5	Zusammensetzen von Melodien aus Melodiebausteinen (nach Grafiken)	72
2.3.6	Sequenzierung	72
2.3.7	Monologe	74
2.3.8	Dialoge	74
2.3.9	Melodisches Kofferpacken	76
3	Mehrstimmigkeit	78
3.1	Spiel mit 5 Tönen	78
3.1.1	Einführung in eine 5-Ton-Skala	78
3.1.2	Kontaktübungen	80
3.1.3	Einfache Zweistimmigkeit	82
3.1.3.1	Melodische Linie über einem Orgelpunkt	82
3.1.3.2	Ostinati und Melodien	82
3.1.4	Polyphone Formen	84
3.1.4.1	Der Kanon	84
3.1.4.2	Die Fuge	86
3.1.5	Tanzformen	90
3.1.5.1	Menuett	90
3.1.5.2	Bolero	92
3.1.5.3	Tango	94
3.1.5.4	Charleston	96
3.1.6	Entwicklung von Zweistimmigkeit	98
3.1.7	Entwicklung von Dreistimmigkeit	98
3.2	Harmonisch gebundene Improvisation	100
3.2.1	Dreiklangsbrechungen über einem Orgelpunkt	100

3.2.2	Dreiklangsbrechungen über zwei Akkorden	102
3.2.3	Improvisationen über einem Harmonie-Ostinato I	104
3.2.4	Improvisationen über einem Harmonie-Ostinato II	106
3.2.5	Blues	108
3.2.5.1	Harmonische Vorübungen	108
3.2.5.2	Singen und Spielen eines Blues	110
3.2.5.3	Begleitformeln für den Blues	112
3.2.5.4	Bluesrhythmen	114
3.2.5.5	Zusammensetzen des Blues	116
3.2.6	Bolero	116
3.2.6.1	Rhythmische Vorübungen	116
3.2.6.2	Harmonische Modelle zum Bolero	118
3.2.6.3	Bolero-Gesamtklang	120
3.2.7	Rückungsmodell	122
3.2.8	Chaconne	124
3.2.9	Triosonate	126
3.3	Harmonisch ungebundene Improvisation	128
3.3.1	Improvisatorische Umsetzung von Grafiken	128
3.3.1.1	Kontrastbildung durch Wechsel der Dynamik	128
3.3.1.2	Kontrastbildung durch Wechsel der Artikulation	128
3.3.1.3	Kontrastbildung durch Tempowechsel	132
3.3.1.4	Gestaltung kleiner Spielszenen	134
3.3.1.5	Erstellung von Grafiken	136
3.3.1.6	Improvisation zu pantomimischen Darstellungen	138
3.3.2	Improvisation zu Texten	140
3.3.2.1	Erstellung eines Melodrams	140
3.3.2.2	Zeitungslesen	140
3.3.2.3	Gedichtinterpretation	142
4	Improvisation als Methode der Auseinandersetzung mit tradierten Musikstücken	144
4.1	Improvisation über die Notenvorlage hinaus	144
4.1.1	Walzer aus der Steiermark	144
4.1.2	La Folia (Arcangelo Corelli)	150
4.1.3	Der Tod und das Mädchen (Franz Schubert)	154
4.2	Improvisatorische Auseinandersetzung mit Formen	160
4.2.1	Liedformen	160
4.2.2	Das Menuett	162
4.2.3	Das Rondo	166
4.2.4	Die Variation	168
4.2.5	Die Sonatenhauptsatzform	170
4.2.6	Die Fugenform	172
Literaturhinweise		174

Vorwort

Die vorliegende praktische Improvisationsanleitung ist das Ergebnis einer zehnjährigen Unterrichtspraxis an allgemeinbildenden Schulen und Universitäten und basiert auf folgenden Überlegungen:

Jeder Denkvorgang bedarf einer materiellen Grundlage. Denken kann man als geronnenes Handeln bezeichnen. Ein Kind öffnet und schließt zigmal eine Tür, ehe der Vorgang verinnerlicht ist, d. h. automatisch abläuft bzw. gedanklich antizipiert werden kann. Woher also nehmen Musikpädagogen den Mut zu glauben, daß musikalisches Denken ohne handelnde Tätigkeit entwickelt werden kann?

Dieses Buch geht davon aus, daß nur dann musikalisch ‚mitgedacht' werden kann, wenn ein entsprechendes kategoriales Musikdenksystem grundlegend durch praktisches Handeln eingeübt wurde.

Das Musikverhalten in der zweiten Hälfte des 20. Jahrhunderts ist geprägt durch ein massenhaftes Hören von Musik. Aber — nach welchen Kriterien erfolgt die Auswahl der Stücke? Sind diese bewußt gesetzt — oder folgen sie fremdgesteuerten aktuellen Modeströmungen?

Musik ist eine Ware geworden wie jede andere auch, die den Gesetzen des Marktes zu gehorchen hat: Nach Gebrauch hat sie möglichst schnell den Platz zu räumen für Nachfolgeware (Adorno). Diese Marktmechanismen sind wenig dazu geeignet, eine intensive Auseinandersetzung mit Musik zu fördern:
— nach welchen Prinzipien ist Musik aufgebaut?
— wodurch entstehen Spannung und Entspannung in der Musik?
— welche klanglichen Mittel werden eingesetzt? usw.

Es nutzt wenig, das Konsumverhalten gegenüber Musik zu beklagen — es gilt, pädagogische Strategien zu entwickeln, die den Zugang des Heranwachsenden zur Musik ermöglichen. Es gilt, eine Basis zu schaffen, die eine möglichst umfassende eigenständige Auseinandersetzung mit Musik fördert.

In den früheren Generationen geschah Musiksozialisation vorwiegend singend und spielend im Familienkreis, im Kindergarten, in der Grundschule, im Jugendkreis usw.

In einer vollautomatisierten, arbeitsteiligen Industriewelt mit ständiger elektroakustischer Begleitung rund um die Uhr hat Gesang und Spiel seine ursprüngliche Funktion als Arbeitsbegleitung (Handwerkerlieder, Seemannslieder usw.) und Freizeitgestaltung (Lieder zum Tages- und Jahresverlauf, Tanzlieder usw.) längst verloren. Damit wurde dem Menschen die Möglichkeit genommen, schrittweise durch eigenes Spielen und Singen gleichsam automatisch in musikalische Zusammenhänge eingeführt zu werden.

Wie aber soll sich ein Jugendlicher aktiv mit Musik auseinandersetzen können, wenn er nie die Chance erhielt, musikalische Fähig- und Fertigkeiten alters- und stufengerecht zu entfalten?

Nicht nur tradierte Musikwerke, sondern auch Schlager und Popmusiken sind höchst komplizierte Denkgebäude. Verlangen wir von unseren Heranwachsenden nicht Unmögliches, wenn wir ihnen Kompositionen zur Analyse vorlegen, ohne eine konkrete Basis für diese intellektuelle Hochleistung gegeben zu haben? Liegt hier vielleicht die tiefere Ursache für vielfältige Verweigerungen oder gar Aggressionen gerade im Musikunterricht?

Musikalisches Denken kann in vielfältiger Weise aufgebaut werden: singend, spielend, durch intensive Beschäftigung mit der Musiklehre usw. Hier wird das Angebot gemacht, in einer Gruppe durch praktischen instrumentalen Umgang mit dem musikalischen Material, von der Arbeit mit einem Ton bis hin zur Improvisation komplexer Musikstücke, reichliche Erfahrungen im Umgang mit Musik und ihren Strukturen zu sammeln.

Die Übungen sind so konzipiert, daß sie unter den gegebenen Umständen in allgemeinbildenden Schulen (auch in Klassen mit über 30 Schülern) genauso wie in Jugendfreizeitheimen, Volkshochschulen oder in Musikseminaren durchgeführt werden können.

Jede Übung steht für sich, kann unabhängig von den anderen erarbeitet werden. Die AUFGABEN werden durch Beispiele erläutert und enthalten Angaben über möglichen MEDIENEINSATZ und bewährte SOZIALFORMEN, in denen Sie gelöst werden können.

Der Abschnitt INTENTIONEN/ERLÄUTERUNGEN soll zu Diskussionen anregen, den pädagogisch-musikalischen Hintergrund plastisch werden lassen und Impulse für die weitere Arbeit vermitteln.

Der Schulmusiker steht immer wieder vor dem Problem, das Verhältnis von Theorie und Praxis im Unterricht ausgewogen zu gestalten. In diesem Improvisationsbandbuch findet er zu vielen Themen nicht nur Material und Hinweise, sondern einen fertigen Arbeitsbogen für die praktische Umsetzung von Rhythmen, Formen und Gattungen und ihre theoretische Aufarbeitung.

Dieses Handbuch soll dazu dienen, Schülern, Studierenden und Lehrern notwendige Informationen zu vermitteln, sich intensiv mit Musik durch eigene Handlung auseinanderzusetzen.

Pädagogen, Psychologen und Bildungspolitiker betonen immer wieder die Notwendigkeit der Schulung eines kreativen Verhaltens im Gegensatz zu Anpassung und geistiger Unflexibilität.

Auch Musikpädagogen bedauern die zunehmende Verkopfung gerade des Musikunterrichts. Theorie und Praxis, Rationalität und Emotionalität müssen in einem ausgewogenen Verhältnis zueinander stehen, soll Lernen langfristig möglich und erfolgreich sein.

Die vorliegende Improvisationsmethode versteht sich als ein Ansatz dazu, das erstrebte Gleichgewicht wieder herzustellen.

Zum Gebrauch der Improvisationsanleitung

Alle Übungen sind als Anregungen für die handlungsorientierte Auseinandersetzung mit Musik gedacht. Je nach Stand der Lerngruppe soll das Kapitel herangezogen werden, das aus dem Unterrichtsgeschehen heraus gerade möglich und sinnvoll ist. Dadurch kann das Buch in vielfältiger Weise hilfreich sein:

— Es kann als praktische Ergänzung zu theoretisch Erarbeitetem herangezogen werden: Die Sonatenhauptsatzform z. B. kann am Beispiel einer Klaviersonate vorgestellt und durch den improvisatorischen Nachvollzug vertieft werden. (Kap. 4.2.5)

— Ebenso kann aber eine Form vor ihrer theoretischen Aufarbeitung zunächst durch instrumentales Gestalten verinnerlicht werden. Z. B. improvisiert man erst ein Rondo (Kap. 4.2.3) und läßt es anschließend an musikalischen Kunstwerken wiedererkennen.

— Oft werden im Musik- oder Kunstunterricht Musikinstrumente selbst gebaut. Es fehlt aber an Anleitungen, wie sie auch im Unterricht mit der ganzen Gruppe eingesetzt werden können. Daher sind bei den Medienangaben gerade selbstgebaute Instrumente besonders berücksichtigt.

— Oftmals ist eine Lerngruppe in sich stark gespalten: musikalisch Hochgebildeten sitzen kaum Interessierte gegenüber. Hier kann das Buch Hilfestellung zu einer Binnendifferenzierung leisten. Während eine Gruppe mit Aufgabenstellungen aus späteren Kapiteln betraut wird, arbeiten andere einfache Beispiele auf.

Da Improvisieren heute keinesfalls selbstverständlich ist, wurde einfachsten Übungen auf rhythmischer Basis in den Anfangskapiteln ein breiter Raum gegeben. Sie sollen, in Verbindung mit den Kontaktübungen, den Weg bereiten zu den eigentlichen Improvisationsaufgaben.

— Den Musikgruppen stehen oftmals recht unterschiedliche Medien (Musikinstrumente und elektroakustische Geräte) zur Verfügung. Da zu jeder Übung geeignete Medien angegeben sind, kann für jede Gruppe das passende Kapitel herausgesucht werden.

Natürlich ist für jedes Kapitel ein auch anders gearteter Medieneinsatz nicht nur möglich, sondern im Sinne des Autors.

— Jeder Aufgabenstellung sind INTENTIONEN UND ERLÄUTERUNGEN beigefügt. Dadurch soll vermieden werden, daß nur agiert wird um des Agierens willen. Musikmachen kann und soll Freude bereiten, aber gleichgewichtig zur instrumentalen Tätigkeit sollte auch das gemeinsame Nachdenken über das, was man gerade gespielt hat, sein.

— An jede Arbeitsphase sollte sich eine REFLEXIONSPHASE anschließen, in der nicht nur die musikalischen, sondern gleichberechtigt auch die sozialen Aspekte des gemeinsamen Tuns überdacht werden können: Wo gelang etwas besonders gut? Wer hatte guten, wer schlechten Kontakt mit anderen? Wer hatte Ängste — wie können diese Ängste aufgefangen und abgebaut werden? usw. Jede Arbeitsgruppe bringt andere Erfahrungen, Sozialstrukturen und Medien mit. Werden diese improvisationsgerecht in den Arbeitsprozeß eingebracht, muß man sich zwangsläufig bald vom Vorbild der hier gestellten Aufgaben lösen und eigene Wege gehen. Gerade das aber ist erwünscht im Sinne der Entfaltung und Schulung eines divergierenden Denkens und Handelns und sollte von den Gruppenleitern gefördert werden.

1. Grundlagen der Improvisation

1.1 Erstbegegnung mit dem Instrumentarium

1.1.1 FREISPIELEN

Jeder Spieler nimmt sich eines der bereitgestellten Orff-Instrumente, setzt sich so hin, daß er alle anderen Mitspieler gut sehen kann, also in einen großen Kreis, und beginnt ganz einfach, auf seinem Instrument das zu spielen, was ihm einfällt, ohne Rücksicht darauf, was die Mitspieler tun oder lassen.

1.1.2 REAGIEREN AUF EINEN RHYTHMUS

Alle Instrumentalisten sitzen in einem großen Kreis, jeder hat vor sich ein beliebiges Blas-, Saiten- oder Orffinstrument. Ein Spieler beginnt, einen sich ständig wiederholenden kurzen Rhythmus zu spielen. Seine Mitspieler setzen auf ihren Instrumenten in beliebiger Tonhöhe ein und spielen etwas nach ihrer Meinung passendes dazu.

Das kann einzeln nacheinander, in Kleingruppen oder aber auch in der ganzen Gruppe durchgeführt werden.

Beispiel:

Spieler A, mit Bongos:

MEDIEN: Alle Orff-Instrumente
SOZIALFORM: Kreissitzform
INTENTIONEN/ERLÄUTERUNGEN

Musikinstrumente üben auf Menschen aller Altersklassen eine starke Anziehungskraft aus. Nur, wenn sie die Instrumente schließlich in den Händen halten, wissen sie oft nicht, was sie damit anfangen sollen. Man will spielen, kann es aber nicht. Daher ist es notwendig, daß einerseits Hemmungen genommen werden, andererseits aber eine Motivation entsteht, sich systematisch mit dem Instrument auseinanderzusetzen.

Haben die Spieler begonnen wie in 1.1.1 beschrieben, so hören sie erfahrungsgemäß nach einer gewissen Zeit von allein wieder auf — die Klang- und Spielmöglichkeiten, die ihnen zur Verfügung stehen, sind erschöpft. Zudem merken sie bald, daß ihr Spiel keine Relevanz hat, da bei der zwangsläufig vorherrschenden Lautstärke niemand auf Signale reagieren kann. Es stellt sich eine erwünschte Erwartungshaltung ein: Wie kann man denn nun „richtig" zusammenspielen?

Man kann den Prozeß verdeutlichen, indem man fragt:
— wie fühlt ihr euch?
— was fehlt? Warum konntet ihr nicht zusammenspielen?
— was ist eben eigentlich musikalisch entstanden?

(Das scheinbar beziehungslose Nebeneinander war musikalisch gesehen eine in der neuen Musik durchaus als Effekt gewünschte Gestalt: organisiertes Chaos als Klangfläche mit einer polymetrischen Grundstruktur).

MEDIEN: Alle Spielereigenen- und Orffinstrumente
SOZIALFORM: Kreissitzform/Kleingruppenarbeit
INTENTIONEN/ERLÄUTERUNGEN

Durch den Erstrhythmus ist eine gemeinsame Arbeitsebene geschaffen worden. Man hat nun etwas, an dem man sich orientieren kann.

Man spielt nun zwar gemeinsam, aber noch nicht miteinander. Musikalisch kann sich aus dieser Spielweise ein Beispiel für Heterophonie ergeben. Verschiedene rhythmisierte Melodien laufen parallel zueinander, korrespondieren aber nicht.

Diese Übung eignet sich dazu, daß die Spieler sich erst einmal „freispielen" Sie lernen, vom Lehrer angeleitet, mit den Instrumenten richtig umzugehen, können verschiedene Anschlagarten, Artikulationsarten, Rhythmen, Melodien usw. ausprobieren und üben das auszudrücken, was sie sich vorgestellt haben. Die Gruppe „schützt" sie. Es fällt nicht auf, wenn sie sich verspielen, sie können sich selbst korrigieren.

Spieler B, auf der Blockflöte:

Spieler C, auf einem Xylophon .... usw.

1.1.3 RHYTHMUS AUF ZWEITONMELODIE

Ein Teil der Spieler spielt einen Grundrhythmus, etwa:

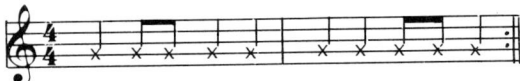

Jeweils ein Spieler spielt darüber eine kleine Melodie auf zwei festgelegten Tönen, z. B.:

Alle anderen Spieler wiederholen diese Phrase. Dann erfindet der Nächste eine neue Melodie usw.

Erweiterungen

Schon diese einfachen Übungen lassen sich klanglich reizvoll ausbauen:

— Vorspiel auf zwei festgelegten Tönen im Dreiklangs- oder Vierklangsbereich, oder

— das solistische Vorspiel wird nicht nur wiederholt, sondern von den Mitspielern auch weitergeführt, variiert usw.

1.2 Kontaktübungen

1.2.1 GEMEINSAMES EINSCHWINGEN

Jemand aus der Runde spielt ruhige Halbe auf einem festgelegten Ton, alle anderen versuchen, sich genau darauf einzustellen und mitzuspielen.

MEDIEN: Alle Schüler- und Schulinstrumente, selbstgebaute Instrumente
SOZIALFORM: Kreissitzform

INTENTIONEN/ERLÄUTERUNGEN

Mit dieser Übung ist man schon in das „Spiel ohne Noten" eingestiegen. Der Grundrhythmus gibt einen Rahmen, über dem sich ohne metrische Probleme erfinden läßt. Die zwei festgelegten Töne ermöglichen es den Mitspielern, auf tonlicher Ebene zu reagieren.

MEDIEN: Alle Spielereigenen- und Schulinstrumente, selbstgebaute Instrumente
SOZIALFORM: Kreissitzform

Wenn alle das Metrum gefunden haben, gestaltet der Nachbar ein neues Metrum, auf das sich alle erneut einzupendeln haben usw.

Erweiterungen

Das gleiche läßt sich auch mit einfachen Rhythmen und melodischen Tonfolgen durchführen.

1.2.2 RHYTHMUSÜBERGABE DURCH STACCATO-SIGNAL

Bei festem Metrum (Gestaltung durch einen Teil der Gruppe auf Fellinstrumenten) erfindet ein Spieler einen beliebig langen Rhythmus auf einem festgelegten Ton, an dessen Ende 4-staccato-Viertel stehen müssen als Signal für den Nachbarn, genau im angegebenen Metrum einen neuen Rhythmus mit Staccato-Anschluß zu erfinden.

Beispiel:

Spieler A beginnt:

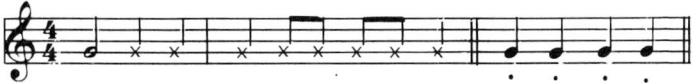

Spieler B übernimmt genau im Metrum:

Spieler C setzt fort.

Erweiterungen

Die Übernahme der Soli kann schematisch nach Sitzordnung erfolgen oder durch Blickkontakt geregelt werden.

1.2.3 „KOFFERPACKEN"

Spieler A erfindet einen Rhythmus auf einem festgelegten Ton, der von der ganzen Gruppe wiederholt wird. Anschließend erfindet Spieler B einen weiteren Rhythmus. Die ganze Gruppe wiederholt nun Rhythmus B und Rhythmus A usw.

INTENTIONEN/ERLÄUTERUNGEN

Indem die Instrumentalisten immer wieder aufgefordert werden, sich gemeinsam auf ein Metrum zu einigen, signalisieren sie nicht nur eine Bereitschaft zur gemeinsamen Arbeit, sondern müssen sich auch in Dynamik, Intonation, Artikulation und Tempo genau auf den Vorspieler konzentrieren.

MEDIEN: Alle Spielereigenen- und Schulinstrumente
SOZIALFORM: Kreissitzform

INTENTIONEN/ERLÄUTERUNGEN

Neben der Gestaltung eines nahtlosen Übergangs lernen die Spieler bei dieser Übung, klar und verständlich zu spielen und zu artikulieren, die Rhythmen nicht zu überfrachten, um nicht zu stolpern und werden rhythmisch kreativ.

Durch Übernahme der Soli auf Blickkontakt erhöht sich die Möglichkeit zur Interaktion in der Gruppe bedeutend. Jeder Spieler ist nicht nur mit den Ohren, sondern auch mit den Augen gefordert und lernt so, besser auch auf nonverbale Abläufe in der Gruppe zu achten.

MEDIEN: Alle Spielereigenen- und Schulinstrumente, selbstgebaute Instrumente
SOZIALFORM: Kreissitzform, Kleingruppenarbeit

Beispiel:

Spieler A:

Alle:

Spieler B:

Alle:

Spieler C:

1.2.4 „FLIESSBAND"

Jeder Spieler produziert in direkter Folge nacheinander je zwei Töne auf seinem Instrument, so daß sich das Geräuschband einer großen Maschine ergibt. Alle Formen der konventionellen oder unkonventionellen Art der Tonerzeugung sind dabei erlaubt.

Beispiel:

Erweiterungen

— Die Spieler organisieren sich nach Instrumentengruppen zu homogen klingenden oder sehr „disharmonischen" Klangbändern.

— Alle Spieler produzieren ihre Geräusche ohne Pausen. Ein „Maschinist" geht herum und dort, wo er sich gerade befindet, spielen die Schüler besonders laut.

INTENTIONEN/ERLÄUTERUNGEN

Diese Übung läßt sich sowohl im Plenum als auch in Kleingruppen von 3—5 Spielern gut durchführen. Sie schult nicht nur das Gedächtnis, sondern fördert zugleich die Ausdrucksfähigkeit der Schüler.

Erfahrungsgemäß werden die Rhythmen mit dem Spieler, der sie erfand, verbunden. Indem s e i n e Rhythmen gespielt werden, fühlt er sich besonders für die Gruppe verantwortlich, sieht, daß ihn die Gruppe anerkennt und übernimmt bei der Wiederholung die Führung, wodurch das Spiel längerer Rhythmusketten erleichtert wird.

MEDIEN: Alle Spielereigenen- und Schulinstrumente, selbstgebaute Instrumente

SOZIALFORM: Kreissitzform, Kleingruppen von 3—5 Schülern

INTENTIONEN/ERLÄUTERUNGEN

Diese Übung reizt die Phantasie der Spieler zur Erzeugung ungewöhnlicher Ton- und Geräuschfolgen. Sie ermöglicht Teamwork in beliebiger Zusammensetzung.

Besonders gut eignet sie sich für den Einsatz selbstgebauter Schülerinstrumente.[1]

---

[1] Wilhelm Warskulat: Instrumentenbau aus Umweltmaterialien, Bremen/Lilienthal 1978.
Vgl. dazu auch das Kapitel: Musikinstrumente, (Anleitung zum Selbstbau von Instrumenten, in: Banjo, Musik 5/6, Stuttgart 1978, S. 6 ff.)

1.2.5 EINE KUGEL ROLLT.

Die Spieler stellen sich vor, eine Kugel rolle an ihnen vorbei. Derjenige Spieler, bei dem sich die Kugel gerade befindet, spielt einen kurzen Ton. Dabei wird angestrebt, ein kontinuierliches Klangband zu gestalten.

Beispiel:

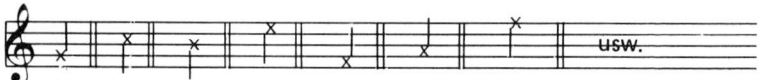

Erweiterungen

— Die Kugel rollt langsam, mittelschnell, schnell
— Die Kugel wird schneller (accelerando)
— Die Kugel wird langsamer bis sie steht (ritardando)

1.3 Takt — Metrum — Tempo

1.3.1 DER 2/4-TAKT

Alle Spieler stehen im Kreis und lernen den Dirigierschlag:

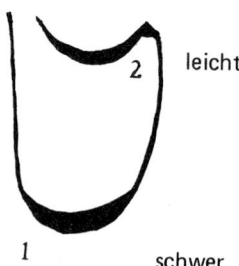

Auf Fellinstrumenten wird anschließend das Metrum:

schwer — leicht, schwer — leicht ... geschlagen,

die Spieler von Melodieinstrumenten improvisieren darüber nacheinander oder in Kleingruppen mit drei festgelegten Tönen kleine Melodien.

MEDIEN: Alle Spielereigenen- und Schulinstrumente, selbstgebaute Instrumente

SOZIALFORM: Kreissitzform

INTENTIONEN/ERLÄUTERUNGEN

Je nach Instrument muß die Tonvorbereitung so rechtzeitig erfolgen, daß sich wirklich ein kontinuierliches Klangband ergibt. Hier zeigt sich, welche Fähigkeiten die Spieler besitzen, sich in dynamische Situationen einzudenken.

MEDIEN: Alle Spielereigenen- und Schulinstrumente, selbstgebaute Instrumente

SOZIALFORM: Kreissitzform, Stehen im Kreis, Improvisation in Kleingruppen

INTENTIONEN/ERLÄUTERUNGEN

Die Spieler sollen in dieser Phase einige wichtige Taktarten und ihre metrischen Gliederungen kennenlernen. Die Dirigierbewegung eignet sich vor allem dazu, Taktarten wiederzuerkennen. (Das Dirigat sollte möglichst locker und schwingend durchgeführt werden, wobei sowohl die linke als auch die rechte Hand separat geübt werden können. Vergl. dazu auch K. Thomas, Lehrbuch der Chorleitung 1, Wiesbaden 1962, Seite 14 ff.)

Gerade an der Dirigierbewegung kann die Relativität des Tempos gut demonstriert werden: egal, in welchem Tempo man dirigiert, der 2/4 Takt mit dem ihm eigenen Metrum bleibt erhalten.

Beispiel: (Tonauswahl: a' — g' — e')

1.3.2 DER 3/4-TAKT

Alle Spieler stehen im Kreis und lernen die Dirigierbewegung:

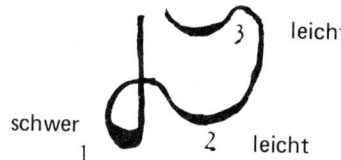

Die Beziehung zum 3/4 Takt kann durch die Improvisation eines Walzers vertieft werden.

— Fellinstrumente schlagen das Metrum:

— tiefe Orff- oder Baßinstrumente spielen ein harmonisch-metrisches Gerüst (Tonmaterial z. B.: d -- e -- g -- a -- c)

Beispiel:

Beispiel:

MEDIEN: Alle Spielereigenen- und Schulinstrumente

SOZIALFORM: Kreissitzform, Stehen im Kreis, Improvisation in Kleingruppen

INTENTIONEN/ERLÄUTERUNGEN

An dieser Übung kann schon neben der Einübung des 3/4 Taktes sehr gut demonstriert werden, wie Musik aufgebaut sein kann:
— über einem metrisch gebundenen Rhythmus-Teppich, der ohne weiteres improvisatorisch beliebig weiter ausgebaut werden kann und sollte, spielt eine
— Harmoniegruppe ein variables Harmoniegerüst, das wiederum als Basis fungiert für
— vielfältige melodische Gestaltungsversuche.

Zusammengehalten wird die Improvisation durch das Metrum (schwer — leicht — leicht, schwer — leicht — leicht ...), an dem sich alle Beteiligten orientieren und halten können.

Da alle anderen Taktarten (4/4; 5/4; 6/4; 7/4; 9/4; 12/4; und ihre Ausgestaltung in Achteln, Halben, Ganzen und Sechzehnteln) aus dem 2er oder 3er Takt zusammengesetzt sind, kann man sie aus den in dieser Übung aufgezeigten Elementen leicht selbst zusammensetzen lassen:

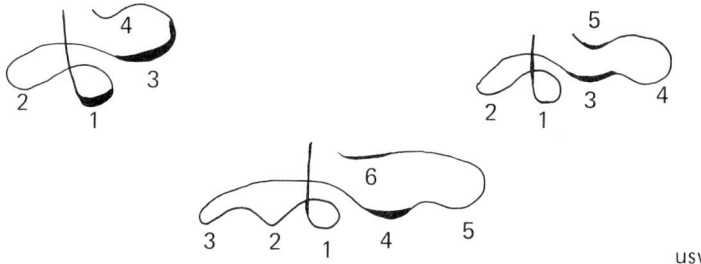

usw.

Melodieinstrumente spielen gemeinsam oder nacheinander mit den erlaubten Tönen kleine Melodien darüber:

1.3.3 TEMPOWECHSEL

Die Instrumentalisten teilen sich in Arbeitsgruppen zu drei bis vier Spielern auf. Mit drei gegebenen Tönen sollen sie auf Melodieinstrumenten im Laufe einer Minute:
— ein Accelerando gestalten;
— ein Ritardando gestalten;
— langsam beginnen und ohne das Zeichen eines Dirigenten ihr Tempo gemeinsam beschleunigen;
— schnell beginnen und ohne das Zeichen eines Dirigenten gemeinsam langsamer werden und aufhören.

Beispiel:
(Erlaubte Töne: a — g — e)

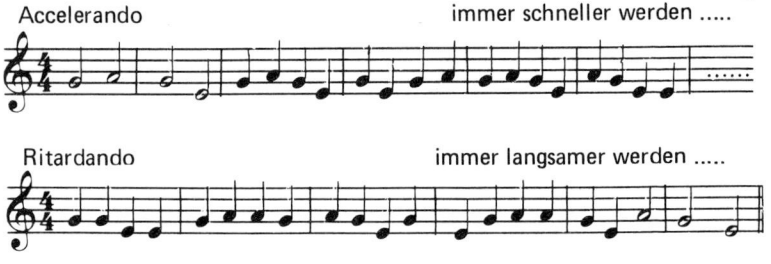

1.4 Rhythmus

1.4.1 DAS VERHÄLTNIS VON NOTENWERTEN ZUEINANDER

Alle Spieler sitzen im Kreis.

Zunächst sollen die aufgezeigten Übungen mit der linken und rechten Hand auf den Knien patschend ausgeführt, dann auf Orff-Instrumente und Schlagwerk (Bongos, Congas, selbstgebaute Instrumente) übertragen werden.

MEDIEN: Alle Spielereigenen- und Schulinstrumente, selbstgebaute Instrumente
SOZIALFORM: Kreissitzform

INTENTIONEN/ERLÄUTERUNGEN

Tempo-Übungen eignen sich dazu, nonverbales Vorgehen gemeinsam mit anderen zu üben, wobei vor allem darauf geachtet werden muß, daß die Übergänge wirklich fließend und nicht abrupt gestaltet werden.

MEDIEN: Orff-Instrumentarium, Tasteninstrumente, selbstgebaute und spielereigene Instrumente.
SOZIALFORM: Kreissitzform

Beispiele:

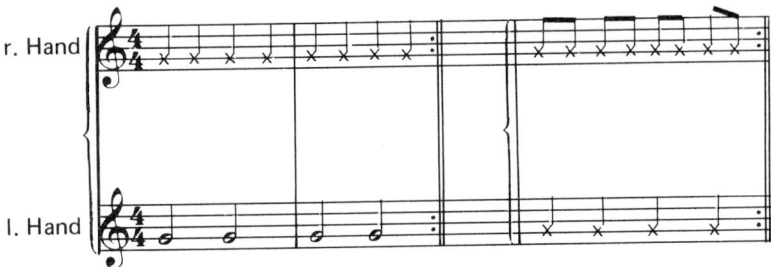

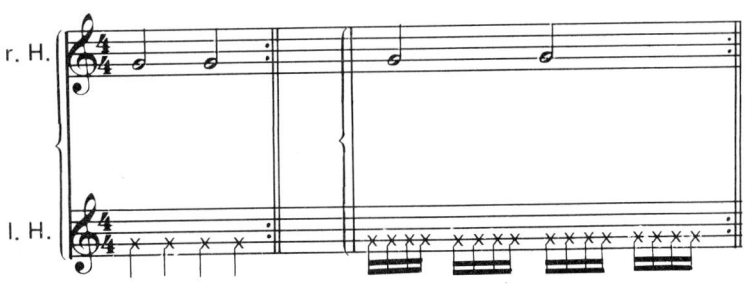

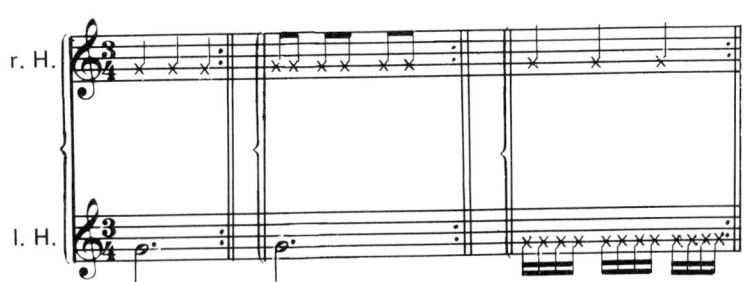

Erweiterungen

— Jeder Spieler erfindet und demonstriert eigene Übungen, in denen er einfache Notenwerte gegeneinander stellt (Sechzehntel, Achtel, Viertel, Halbe, Ganze)

— Die Übungen sollen in verschiedenen Tempi ausgeführt werden.

INTENTIONEN/ERLÄUTERUNGEN

Durch diese Übung kann das Verhältnis der Notenwerte zueinander spielerisch erfahren und aufgearbeitet werden. Indem die Übungen in verschiedenen Tempi durchgeführt werden, erfahren die Spieler, daß die Relationen der Notenwerte zueinander immer gleich sind, der Zeitwert einer Note, etwa einer Viertel, sehr relativ ist.

1.4.2 KOMBINATIONEN VON NOTENWERTEN

Alle Spieler sitzen im Kreis

Zunächst sollen die aufgezeigten Übungen mit der linken und rechten Hand auf Knien patschend ausgeführt, dann auf Orff-Instrumente und Schlagwerk (Bongos, Congas, selbstgebaute Instrumente) übertragen werden.

Beispiele:

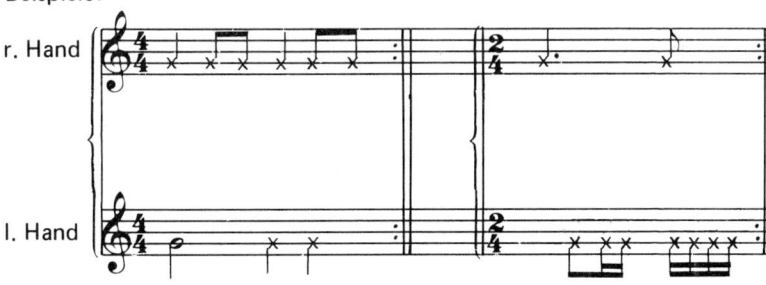

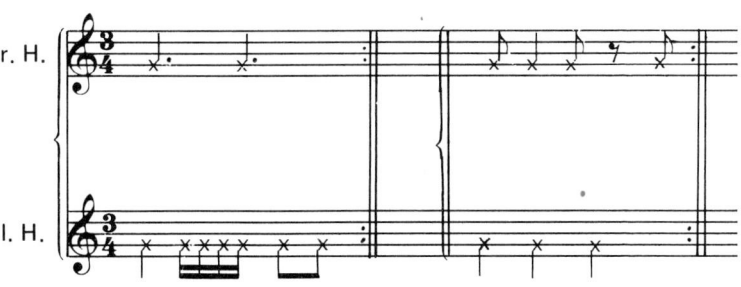

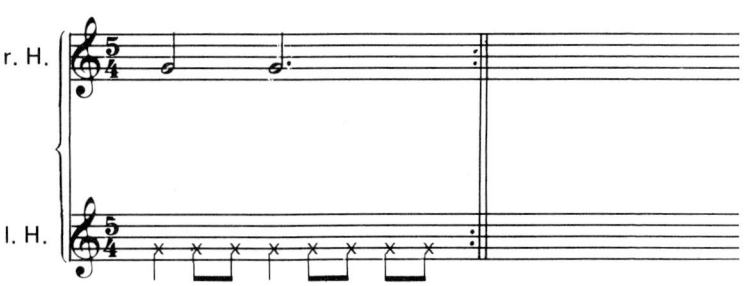

MEDIEN: Orff-Instrumentarium, Tasteninstrumente, selbstgebaute und spielereigene Instrumente

SOZIALFORM: Kreissitzform

INTENTIONEN/ERLÄUTERUNGEN

Es fällt den Spielern zunächst recht schwer, mit der linken und rechten Hand unterschiedliche Bewegungen auszuführen.

Man sollte diese Übungen daher erst ansetzen, wenn die relativ konformen Übungen unter 1.4.1 beherrscht werden. Da die Taktarten wechseln, muß darauf geachtet werden, daß das Metrum jeweils deutlich hervorgehoben wird. Dadurch bekommen die Spieler einen Orientierungspunkt, der die ganze Arbeit wesentlich erleichtert.

Erweiterungen

— Jeder Spieler erfindet und demonstriert eigene Übungen, in denen er Notenwerte in der linken und rechten Hand miteinander kombiniert.

— Jeder soll mit der linken und rechten Hand Übungen erfinden, die sich ergänzen.

— Die Übungen sollen in verschiedenen Tempi ausgeführt werden.

1.4.3 NOTEN- UND PAUSENWERTE

Alle Spieler sitzen im Kreis.

Zunächst sollen die aufgezeigten Übungen mit der linken und rechten Hand auf Knien patschend ausgeführt, dann auf Orff-Instrumente und Schlagwerk (Bongos, Congas, selbstgebaute Instrumente) übertragen werden.

Beispiele:

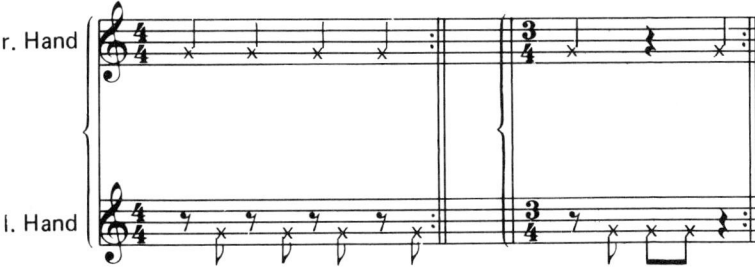

MEDIEN: Orff-Instrumentarium, Tasteninstrumente, selbstgebaute und eigene Instrumente

SOZIALFORM: Kreissitzform

INTENTIONEN/ERLÄUTERUNGEN

Instrumentalisten neigen dazu, Pausen zu übergehen, sie nicht als Spannungsmomente zu sehen, sondern als Leerlauf zu betrachten.

Es ist daher wichtig, Pausen als vollwertige musikalische Gestaltungsmittel immer wieder herauszustellen und erfahrbar zu machen.

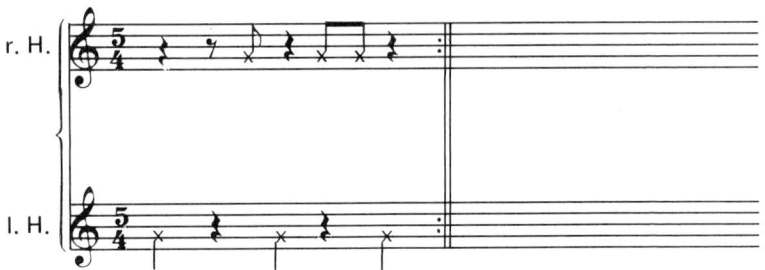

Erweiterungen

— Jeder erfindet und demonstriert eigene Übungen, in denen er Noten- und Pausenwerte miteinander kombiniert.

— Die Übungen sollen in verschiedenen Tempi ausgeführt werden.

1.4.4 SYNKOPEN

Alle Spieler sitzen im Kreis.

Zunächst sollen die aufgezeigten Übungen mit der linken und rechten Hand auf Knien patschend ausgeführt, dann auf Orff-Instrumente und Schlagwerk (Bongos, Congas, selbstgebaute Instrumente) übertragen werden.

Beispiele:

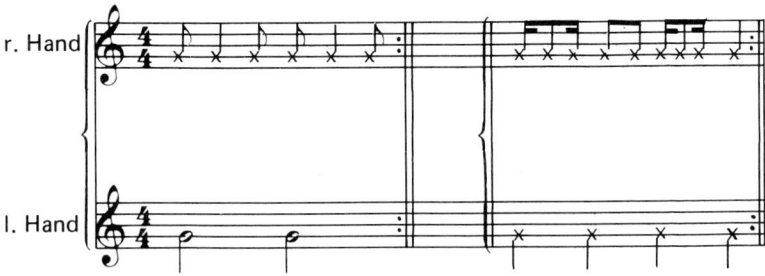

MEDIEN: Orff-Instrumentarium, Tasteninstrumente, selbstgebaute und spielereigene Instrumente

SOZIALFORM: Kreissitzform

INTENTIONEN/ERLÄUTERUNGEN

Synkopieren bedeutet, Akzente auf unbetonte Taktzeiten zu verschieben.

Die Synkope ist eine wesentliche metrische Bereicherung unserer meist auf 2er und 3er Takte beschränkten Musikausführung. Synkopen sollten daher in allen Erscheinungsformen so lange geübt werden, bis sie leicht und selbstverständlich gestaltet werden können.

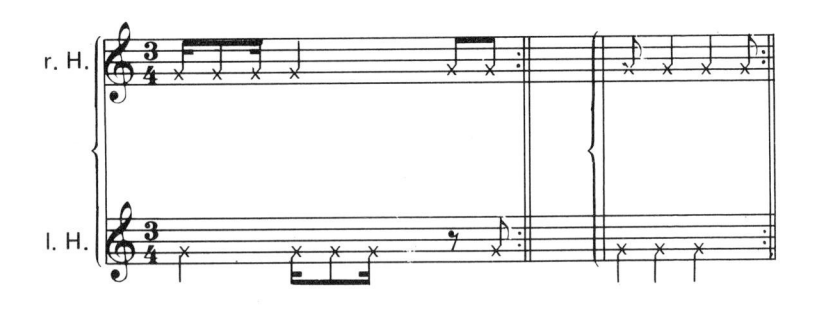

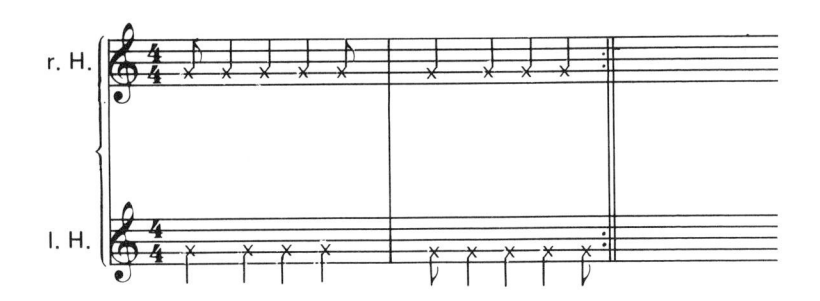

Erweiterungen

— Jeder erfindet und demonstriert eigene Übungen, bei denen er in rhythmische Verläufe Synkopen einbaut.

— Die Übungen sollen in verschiedenen Tempi durchgeführt werden.

1.4.5 TRIOLEN

Alle Spieler sitzen im Kreis.

Zunächst sollen die aufgezeigten Übungen mit der linken und rechten Hand auf Knien patschend ausgeführt, dann auf Orff-Instrumente und Schlagwerk (Bongos, Congas, selbstgebaute Instrumente) übertragen werden.

MEDIEN: Orff-Instrumentarium, Tasteninstrumente, selbsgebaute und spielereigene Instrumente

SOZIALFORM: Kreissitzform

Beispiele:

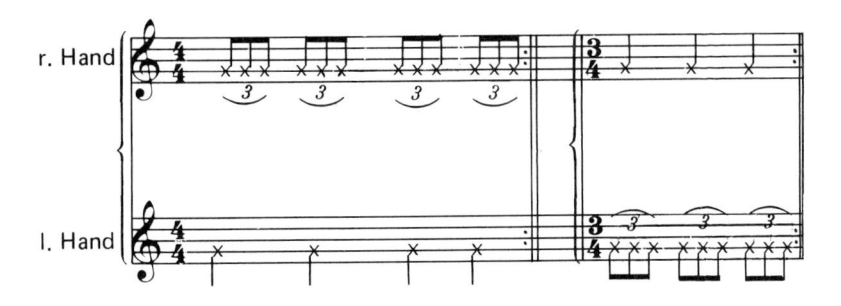

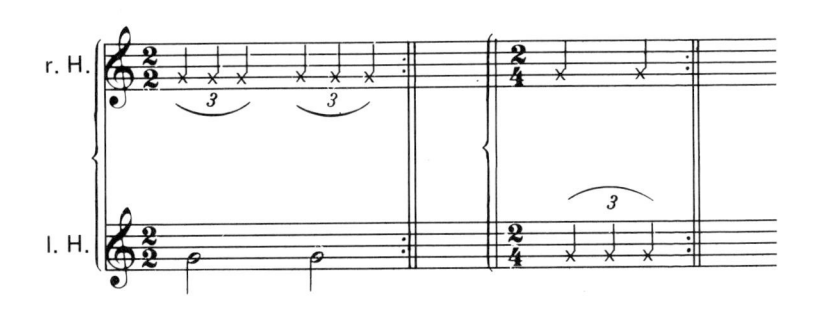

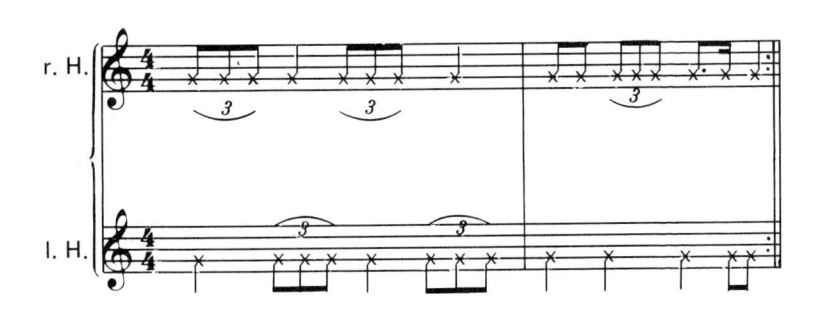

Erweiterung:

— Jeder erfindet und demonstriert eigene Übungen, in denen er in rhythmische Verläufe Triolen einbaut.
— Die Übungen sollen in verschiedenen Tempi durchgeführt werden.

INTENTIONEN/ERLÄUTERUNGEN

Ganze-, Halbe-, Viertel-, Achtel- und Sechzehntelnoten stehen zueinander im Verhältnis 1 : 2. In diesem Sinn bedeutet die Triole ein Durchbrechen des weitgehend vorherrschenden dualen Prinzips der rhythmischen Gestaltung unserer Musik und damit eine wesentliche Bereicherung.

1.4.6 ERFINDEN DIFFERENZIERTER RHYTHMEN

— Die Spieler sollen zwei-, vier- oder achttaktige Rhythmen erfinden, die möglichst alle Grundnoten- und Pausenwerte, Triolen und Synkopen enthalten. Die gefundenen Rhythmen sollen dann den Mitspielern so vorgespielt werden, daß sie nachgespielt und aufgeschrieben werden können.

— Die Spieler sollen sich überlegen, welche Möglichkeiten des Gestaltens von 2/4; 3/4; 4/4; 5/4; 7/4; 3/8; 5/8; 6/8; 9/8; 12/8 usw. Taktarten unter Verwendung aller Noten- und Pausenwerte sowie Synkopen und Triolen denkbar sind. Ihre Modelle sollen aufgeschrieben, vorgespielt und erläutert werden.

— Die Spieler sollen möglichst interessante 4-Takt-Modelle erfinden und sich gegenseitig vorspielen.

1.4.7 POLYRHYTHMIK

Die Gruppe erarbeitet und spielt auf einem beliebigen Ton einen sehr einfachen, pausendurchsetzten Ostinato, z. B. von 4 Takten Länge.

Beispiel:

Ein Spieler nach dem anderen erhält Gelegenheit, über diesem ostinaten Hintergrund einen eigenen, nach individuellen Fähigkeiten zu differenzierenden Rhythmus zu improvisieren.

Erweiterungen

Jeder Spieler bekommt den Auftrag, einen einfachen, pausendurchsetzten Rhythmus von 8 Takten Länge zu komponieren und vorzuspielen.

Beispiel:

MEDIEN: Orff-Instrumentarium, Tasteninstrumente, selbstgebaute und spielereigene Instrumente, Schülerhefter, Tafel.
SOZIALFORM: Kreissitzform, Einzelarbeit

INTENTIONEN/ERLÄUTERUNGEN

In dieser Übung sollen die gemachten Erfahrungen eingebracht und vielschichtig ausgeformt werden, wobei darauf zu achten ist, daß das Spielen, Hören und Notieren von Rhythmen gleich gut beherrscht wird.

MEDIEN: Alle Spielereigenen- und Schulinstrumente, selbstgebaute Instrumente
SOZIALFORM: Kreissitzform
INTENTIONEN/ERLÄUTERUNGEN
Hier entsteht eine Form rhythmischer Zweistimmigkeit, bei der der rhythmischen Differenzierungsfähigkeit des Solisten keine Grenzen gesetzt sind. Dennoch ist es sinnvoll, mit ganz einfachen Modellen zu beginnen und den Schwierigkeitsgrad erst mit zunehmender Sicherheit zu steigern. Gradmesser für die Steigerungsfähigkeiten ist die rhythmisch-metrische Exaktheit des Spiels.

Bei dieser Übung bietet sich zudem die Gelegenheit, auf einfacher Ebene zu lernen, zwei unterschiedliche Rhythmen simultan zu verfolgen, dieses wird durch den Ostinato der zweiten Stimme erleichtert. Jeweils ein Teil der Gruppe sollte daher beauftragt werden, beide Stimmen bewußt in ihrer Gleichzeitigkeit zu beobachten.

Anschließend soll er den Rhythmus als Kanon so in Partitur schreiben, daß ein Dirigent jederzeit beide Stimmen verfolgen kann.

Beispiel:

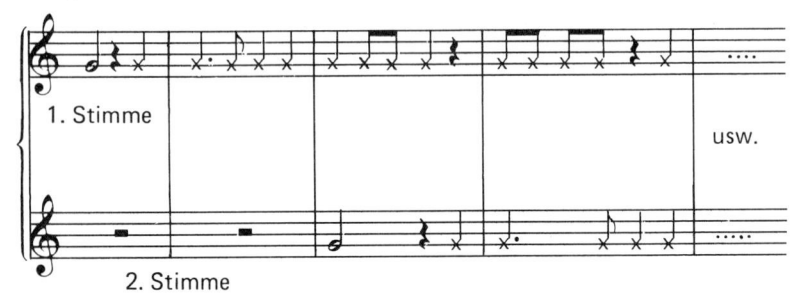

1. Stimme

usw.

2. Stimme

Nachdem die Spieler das Prinzip des Kanons verstanden haben, sollen sie in 2er-Gruppen versuchen, Kanons aus dem Stegreif zu improvisieren. Spieler A erfindet eine kurze Melodie, Spieler B spielt sie nach, dann wird sie als Kanon polyrhythmisch musiziert.

1.4.8 POLYMETRIK

1.4.8.1 „AUTORENNEN"

Die Gruppe wird in 3 Instrumentalensembles geteilt. Jedes Ensemble stellt einen anderen Autotyp dar.

Beispiel:

— Gruppe A einen Lastwagen, der langsam fährt;
— Gruppe B einen Rennwagen, der durch die Gegend rast;
— Gruppe C eine vornehme Limousine, die elegant vorbeirauscht;

Alle Gruppen stellen sich kurz musikalisch vor und spielen dann gemeinsam.

1.4.8.2 „SUPPE KOCHEN"

In der Mitte des Raumes wird eine Anzahl von Instrumenten auf den Fußboden gestellt. Alle Spieler sitzen im Kreis herum.

Nacheinander stehen bis zu maximal fünf Spieler auf, nehmen sich ein Instrument und spielen, was ihnen einfällt, fügen also „ihre Zutaten" zur „Suppe" hinzu.

MEDIEN: Alle Spielereigenen- und Schulinstrumente, selbstgebaute Instrumente

SOZIALFORM: Aufteilung der Klasse in drei Gruppen

INTENTIONEN/ERLÄUTERUNGEN

Durch die verschiedenen Charaktere der ,,Fahrzeuge" ergibt sich bei dieser Übung im Gesamtklang eine polymetrische Klangfläche.

Es empfiehlt sich, diese Übung auf Tonband aufzunehmen, damit die Spieler hinterher das polymetrische Gesamtgeflecht differenziert hören können.

MEDIEN: Fünf Schulinstrumente (Bongos, Congas, Xylophon, Glockenspiel, Triangel)
SOZIALFORM: Die Spieler sitzen im Kreis um die Instrumente herum
INTENTIONEN/ERLÄUTERUNGEN
Wenn jeder wirklich das spielt, was ihm gerade einfällt, ohne darauf zu achten, was der Mitspieler spielt und darauf verzichtet, zu dominieren, ergibt sich im Gesamtklang eine polymetrische Klangfläche.
Durch diese Übung wird den Spielern eine Erfahrungsebene vermittelt, die es ihnen erlaubt, sich künftig auch mit rhythmisch nicht durchstrukturierter Musik auseinanderzusetzen.

1.4.9 ERFINDEN CHARAKTERISTISCHER RHYTHMEN

Die Spieler bekommen die Aufgabe, über 4, 8 oder 12 Takte Rhythmen zu erfinden, die bei gleichem Tempo unterschiedliche Erregungszustände ausdrücken sollen.

Beispiel:

— A gleichbleibend ruhig:

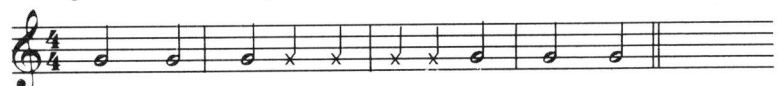

— B gleichbleibend erregt:

— C Steigerung (von ruhig zu erregt):

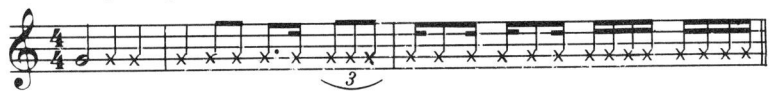

— D Beruhigung (von erregt zu ruhig):

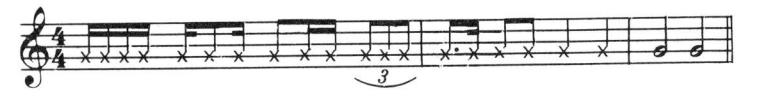

Erweiterungen

— Die Spieler sollen verschiedene Erregungszustände miteinander kombinieren.

1.5 Aspekte der Klangerfahrung

1.5.1 SONNENAUFGANG

Die Spieler finden sich in Kleingruppen von je 3—5 Mitgliedern.

Sie bekommen die Aufgabe, ein Thema wie „Sonnenaufgang" oder „Gespensterball" mit dem gleichen Instrumentarium in 4-facher Weise zu gestalten, indem sie jeweils den Tonerzeugungsvorgang etwas verändern oder die Klangmöglichkeiten der Instrumente beeinflussen.

MEDIEN: Alle Spielereigenen und Schulinstrumente, selbstgebaute Instrumente

SOZIALFORM: Kreissitzform, Arbeit in Kleingruppen, Einzelarbeit

INTENTIONEN/ERLÄUTERUNGEN

Durch diese Übungen werden Rhythmen nicht als Selbstzweck, sondern als Mittel zur Darstellung von Erregungszuständen erfahren. Damit wird deutlich, daß Rhythmen über den Charakter einer Musik u. a. differenzierte Auskunft geben können.

MEDIEN: Alle Spielereigenen- und Schulinstrumente, selbstgebaute Instrumente

SOZIALFORM: Arbeit in Kleingruppen

1. Spiel des vorgestellten Originals
2. Veränderung der Bauart der Instrumente (Zustopfen der Resonanzkörper, Abbau von Teilen des Instrumentes usw.)
3. Beeinflussung des Materials (statt Holzklinger Metallklinger, statt Geigenbogen Weidenstock mit Bindfaden, Filze mit Reißwecken bestükken, Pergamentpapier unterlegen usw.)
4. Veränderung der Art der Tonerzeugung (statt streichen kratzen, klopfen, zupfen, reiben; statt blasen pusten, saugen, tröten; statt schlagen tremolieren, Schlegel umdrehen, reiben, drücken, usw.)

1.5.2 „JAHRMARKT"

Die Spieler sollen verschiedene Schaubetriebe eines Jahrmarktes akustisch nachahmen. Dazu werden Orff-Instrumente auf 3 Gruppen verteilt:
— a) Fellinstrumente imitieren z. B. einen Schießstand;
— b) Metallklinger imitieren einen Autoskooter;
— c) Holzklinger imitieren eine Geisterbahn.

Ein „Besucher" geht über den Jahrmarkt und je nach dem, wo er sich befindet, hört er eine, zwei oder alle drei Gruppen spielen. Bei Entfernung werden die Gruppen leiser und beenden ihr Spiel.

1.5.3 KLANGKONTRASTE

Die Instrumentalisten sollen sich in Kleingruppen überlegen, wie sie möglichst scharfe klangliche Kontraste herstellen können.

Beispiel:

Spieler A spielt auf der Blockflöte hohe, schrille Töne. Spieler B zupft auf einer Gitarre. Spieler C tremoliert auf einem Xylophon usw.

INTENTIONEN/ERLÄUTERUNGEN

Alle Instrumente lassen sich nach den Prinzipien ihres Tonerzeugungsvorganges unterscheiden:
a) der schwingenden Saite: Alle Zupf- und Streichinstrumente;
b) der schwingenden Luftsäule: Alle Holz- und Blechblasinstrumente;
c) der schwingenden Membrane: Alle Schlaginstrumente;

Die Spieler sollen erfahren, daß sich der Klang eines jeden Instrumentes sehr leicht beeinflussen läßt, indem man
— die Bauart des Instrumentes verändert;
— anderes Material benutzt;
— Einfluß auf die Art der Tonerzeugung nimmt;

An dieser Stelle empfiehlt es sich, die Spieler nach Möglichkeit zum Bau eigener Instrumente anzuregen, da so am eindringlichsten die Aspekte der Klangbeeinflussung demonstriert werden können.

MEDIEN: Schulische Orff-Instrumente, selbstgebastelte Instrumente

SOZIALFORM: Arbeit in drei Gruppen

INTENTIONEN/ERLÄUTERUNGEN

Diese Übung ist ein gutes Beispiel dafür, wie aus isolierten Einzelaktionen ein zusammenhängender Gesamtklang entstehen kann (innerhalb der Gruppen a, b und c) und wie aus den drei Gruppenklängen sich schließlich die nächst höhere musikalische Einheit, etwa ein Orchesterklang, bilden läßt.

MEDIEN: Alle Spielereigenen- und Schulinstrumente, selbstgebastelte Instrumente

SOZIALFORM: Arbeit in Kleingruppen

INTENTIONEN/ERLÄUTERUNGEN

Die Musik der Romantik und der Moderne arbeitet vielfach mit dem Mittel der Klangverschmelzung bzw. der klanglichen Kontrastbildung. Indem Spieler die Prozesse der Klangverschmelzung bzw. der klanglichen Kontrastbildung selbst durch Eigenproduktion erfahren, sensibilisieren sie sich für ähnliche Vorgänge in der tradierten Musik.

1.5.4 KLANGÄHNLICHKEIT

Die Spieler sollen versuchen, auf verschiedensten Instrumenten möglichst ähnliche Klänge zu erzeugen.

Beispiel:

Spieler A spielt einen Dreiklang auf der Geige, Spieler B zupft den gleichen Dreiklang auf der Gitarre. Spieler C läßt ihn in gleicher Tonhöhe vorsichtig auf einem Metallophon ertönen.

1.6 Dynamik und Artikulation

1.6.1 DYNAMIK

Die aufgezeigte Melodie (oder selbsterfundene, eigene Melodien) soll
a) so leise wie möglich
b) so laut wie möglich
c) mit einem Crescendo
d) mit einem Decrescendo
gemeinsam gespielt werden.

1.6.2 ARTIKULATION

Die aufgezeigte Melodie (oder selbsterfundene, eigene Melodien) soll
a) so kurz wie möglich (staccato)
b) so breit wie möglich (legato)
c) weich antippend und schwingend (non legato)
gespielt werden.

siehe 1.5.3

MEDIEN: Alle Spielereigenen- und Schulinstrumente, selbstgebaute Instrumente

SOZIALFORM: Kreissitzform, Arbeit in Kleingruppen

INTENTIONEN/ERLÄUTERUNGEN

Grundsätzlich sollen die Instrumentalisten nur so laut miteinander musizieren, daß jeder von allen gut zu hören ist.

In diesen Übungen sollen Dynamik und Artikulation aber auch als Mittel der Spannungssteigerung bzw. der Nuancierung erfahren werden. Gerade aus der Artikulation, die oft im instrumentalen Musizieren vernachlässigt wird, läßt sich der Charakter einer Musik gut ablesen.

siehe 1.6.1

1.6.3 VERBINDUNG VON ARTIKULATION UND DYNAMIK

Die aufgezeigte Melodie (oder selbst erfundene, eigene Melodien) soll
a) staccato und forte
b) legato und piano
c) non legato und mezzoforte usw.
gespielt werden.

Erweiterungen

In Kleingruppen von 3—5 Spielern sollen

ohne Dirigent, mit drei Tönen Gestaltungsaufgaben im Bereich Artikulation und Dynamik ausgeführt werden:
a) leise — laut — leise
b) staccato — legato — non legato — staccato
c) leise und legato — laut und staccato — leise und non legato usw.

Erlaubtes Tonmaterial: a — g — e.

---

2. Einstimmigkeit

2.1 Arbeit mit wenigen Tönen

2.1.1 VOR- UND NACHSPIEL

Man einigt sich zunächst auf zwei „erlaubte" Töne, die von allen Mitspielern auf ihren Instrumenten leicht gespielt werden können, etwa g und e, gleich welcher Oktavlage. Ein Spieler spielt eine kurze, einfache Phrase vor, die ganze Gruppe wiederholt, wobei zwischen Vorspiel und Nachspiel kein metrischer Bruch stattfinden sollte:

MEDIEN: Alle Spielereigenen- und Schulinstrumente, selbstgebaute Instrumente

SOZIALFORM: Kreissitzform, Arbeit in Kleingruppen

INTENTIONEN/ERLÄUTERUNGEN

Durch das Bewußtmachen der Spielweise verliert Musizieren seine Beliebigkeit. Musikmachen wird über bewußtes Artikulieren und den Einsatz verschiedener Lautstärkegrade zum Mittel einer gewollten und geplanten Aussage, einer Information über Charaktere und Empfindungen und damit zu einer Botschaft.

Durch diese Übungen werden Dynamik und Artikulation so eintrainiert, daß sie von nun ab bewußt als Mittel des Ausdrucks für musikalische Ideen eingesetzt werden können.

MEDIEN: Orff-Instrumentarium mit bestimmbarer Tonhöhe, spielereigene Melodieinstrumente

SOZIALFORM: Kreissitzform, Kleingruppenarbeit

Beispiel:

Solist: [Notenbeispiel 4/4]

Alle: [Notenbeispiel 4/4]

Erweiterungen
— die Phrasen können länger und rhythmisch komplizierter gestaltet werden;
— die Anzahl der „erlaubten" Töne kann schrittweise erhöht werden;
— man teilt sich auf in Kleingruppen und übt im kleinen Rahmen intensiv weiter, wobei die Steigerung des Schwierigkeitsgrades leichter dem Vermögen der Mitspieler angepaßt werden kann.

2.1.2 FRAGE — ANTWORT

Jeder Spieler überlegt sich eine Frage (mit Worten) und setzt sie in eine musikalische Phrase um, wobei die Anzahl der „erlaubten" Töne sich von zwei ausgehend nur langsam steigern sollte.

Beispiel:

Frage: Kannst Du gut Gi - tar - re spie - len?

[Notenbeispiel 4/4]

In Fortsetzung der Übung werden die Fragen nicht nur gestellt, sondern vom Nachbarschüler in gleicher Phrasenlänge auch beantwortet.

Beispiel:

Frage   Spieler A   [Notenbeispiel 3/4]

Ist dein Rad denn wirklich kaputt?

INTENTIONEN/ERLÄUTERUNGEN

Man sollte diese Übung, obwohl in ihr zunächst nur mit zwei Tönen gearbeitet wird, nicht unterschätzen. Von den Beteiligten wird eine Analyse im tonalen und rhythmischen Bereich gefordert, ehe sie das Gehörte motorisch auf ihren Instrumenten wiedergeben können.

MEDIEN: Orff-Instrumentarium mit bestimmbarer Tonhöhe, spielereigene Melodieinstrumente

SOZIALFORM: Kreissitzform, Kleingruppenarbeit

INTENTIONEN/ERLÄUTERUNGEN

Oft beteuern Spieler, wenn sie ohne Noten vor einem Instrument sitzen, daß ihnen nichts einfalle, was sie spielen könnten. Indem man ihnen zeigt, daß sich ganz einfache Sätze musikalisch nonverbal umsetzen lassen, hilft man nicht nur ihrer Phantasie auf die Sprünge, sondern sie lernen zugleich, daß Sprache durch Musik ersetzt werden kann, auch wenn sie dadurch an Eindeutigkeit verliert.

Diese Übung ist u. a. rhythmisch schon vorbereitet worden. Im Gegensatz zur rhythmischen Gestaltung kann jetzt das Heben der Stimme am Ende einer Frage und das Senken der Stimme am Ende der Antwort musikalisch umgesetzt werden.

Antwort Spieler B

Ja, es fehlt mir noch ein Ventil!

2.1.3 MELODISIERUNG EINES RHYTHMUS

Gegebene oder selbsterfundene Rhythmen werden von den Spielern nacheinander individuell melodisiert. Zunächst sollte nur mit zwei Tönen gearbeitet werden, z. B. mit g und e, gleich welcher Oktavlage.

Beispiel:

Gegebener Rhythmus
Spieler A:

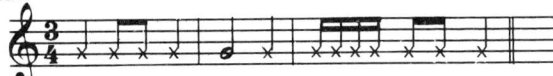

Spieler B:

Spieler C analog.

Erweiterungen

— zunehmend kann mit mehr Tönen gearbeitet werden;
— die Rhythmen können länger und komplizierter werden.

2.1.4 ENTWICKLUNG VON PHRASEN

Es sollen Phrasen von 4 Takten Länge mit korrespondierendem Vordersatz und Nachsatz erfunden werden.

Erlaubte Töne: a — e — g

MEDIEN: Orff-Instrumente mit bestimmbarer Tonhöhe, spielereigene Melodieinstrumente

SOZIALFORM: Kreissitzform, Kleingruppenarbeit

INTENTIONEN/ERLÄUTERUNGEN

Diese Übung dient dazu, den Spielern zu zeigen, wie verschieden ein Rhythmus selbst mit wenigen Tönen melodisiert werden kann.

MEDIEN: Orff-Instrumentarium mit bestimmbarer Tonhöhe, spielereigene Melodieinstrumente

SOZIALFORM: Kreissitzform, Kleingruppenarbeit

Vorbild:

Phrase

Vordersatz   Nachsatz

Beispiel:

Vordersatz   Nachsatz

2.1.5 INTERVALLÜBUNGEN

Ein Spieler spielt einen festgelegten Anfangston, z. B. das a' und einen beliebigen weiteren Ton.

Alle übrigen Spieler versuchen, beide Töne nachzuspielen.

Beispiel:

Spieler A:

Alle:

Spieler B:

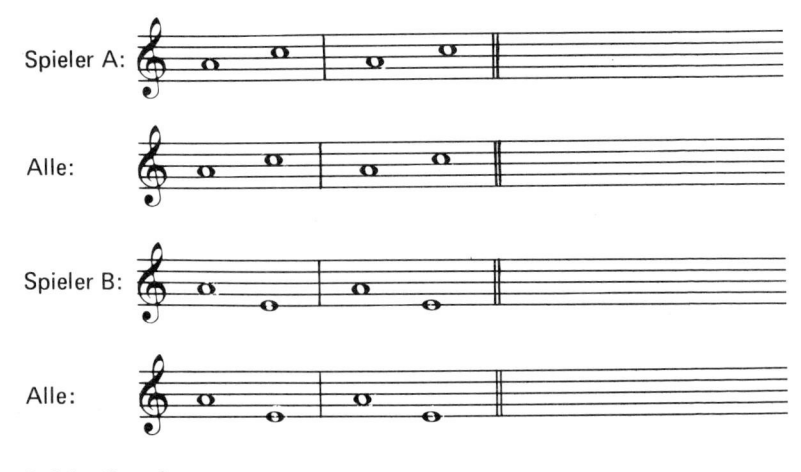

Alle:

Spieler C analog. usw.

INTENTIONEN/ERLÄUTERUNGEN

Mit dieser Übung kann ein Gefühl für Phrasenbildung und die Beziehungen innerhalb einer Phrase, dem Spannungsaufbau im Vordersatz und dem Spannungsabfall im Nachsatz, geschaffen werden.

Parallel zur eigenen Arbeit sollten Beispiele dafür auch in der Musikliteratur (Lieder, Suitensätze, Sonatensätze, Symphoniesätze, aber auch in der Schlager- und Popmusik) gesucht und unter dem Aspekt der Spannungsbildung und Phrasierung analysiert werden.

MEDIEN: Orff-Instrumentarium mit bestimmbarer Tonhöhe, spielereigene Melodieinstrumente

SOZIALFORM: Kreissitzform, Kleingruppenarbeit

INTENTIONEN/ERLÄUTERUNGEN

Instrumentalisten haben oft zu Tonabständen, also zu Intervallen, nur gering ausgebildete Beziehungen.

Diese Intervallübungen, ausgeführt vor allem auf Glockenspielen, Xylophonen, Metallophonen u. a., können Tonabstände optisch und motorisch verdeutlichen. Korrekturen können sofort selbst ausgeführt werden, ohne daß ein Lehrer eingreifen muß.

Wenn das Nachspielen im freien Tonraum zu schwer fällt, kann man das Tonmaterial auf beliebig wenige Töne, die vorher festgelegt werden, beschränken.

2.2 Motivische Arbeit

2.2.1 MOTIVE ERFINDEN

Jeder Spieler überlegt sich ein Motiv und trägt es vor.
Alle versuchen
a) das Motiv nachzuspielen;
b) das Motiv zu sequenzieren;
c) es leicht zu verändern, wobei das Ursprungsmotiv erkennbar bleiben soll;
Gemeinsam wird überlegt, ob die gespielten Motive eher rhythmisch oder melodisch prägnant sind.
Beispiel:

Motiv　　　　Alle　　　　Sequenzierungen　　　　usw.

2.2.2 MOTIVE VERÄNDERN

Die Gruppe teilt sich auf in Kleingruppen von 3—5 Spielern. Ein prägnantes Motiv soll von allen gespielt und variiert werden, aber immer so, daß das Ursprungsmotiv noch erkennbar bleibt, z. B.:

Ursprungsmotiv:

Diminution:

Augmentation:

MEDIEN: Orff-Instrumentarium mit bestimmbarer Tonhöhe, spielereigene Melodieinstrumente

SOZIALFORM: Kreissitzform

INTENTIONEN/ERLÄUTERUNGEN

Das Motiv (von lat. movere = bewegen) ist die kleinste in sich geschlossene musikalische Einheit, die rhythmisch, harmonisch oder/und melodisch aussagekräftig sein kann.

Indem Spieler Motive erfinden, aufnehmen, variieren und erweitern, bewegen sie musikalisches Material, das sich zu größeren Einheiten zusammensetzen läßt und damit Ausgangspunkt für Improvisationen sein kann.

Wichtig ist es nicht nur, Ideen zu haben. Man muß auch lernen, mit ihnen zu arbeiten.

Damit die Mitspieler Motive aufgreifen können, müssen sie vorher die Fähigkeit entwickeln, sie tonal genau zu hören. Man erleichtert es ihnen durch festgelegtes, zunächst stark reduziertes Tonmaterial.

MEDIEN: Orff-Instrumentarium mit bestimmbarer Tonhöhe, spielereigene Melodieinstrumente

SOZIALFORM: Kreissitzform, Kleingruppenarbeit

INTENTIONEN/ERLÄUTERUNGEN

Gerade ein Motiv bietet sich dazu an, verändert, also „bewegt" zu werden.

Indem Spieler selbst erkunden können, welche Möglichkeiten der Gestaltveränderung ein einziges Motiv bietet, erleben sie auch motivische Arbeit in tradierter Musik bewußter.

Durchführungsteile klassischer und romantischer Symphoniehauptsätze werden so plastischer, verfolgbarer, weil die Grundmodelle der motivischen Arbeit und die Techniken der Durchführungsgestaltung von den Schülern ansatzweise handelnd erfahren wurden.

Sequenzbildung:

Veränderung der Intervallstr.

Krebsbildung:

Umkehrung:

Klangfarbenarbeit:

Flöte   Violine   Triangel   Tutti

Erweiterungen

Eine Gruppe improvisiert über ein Motiv, die anderen versuchen herauszubekommen, welche Art motivischer Veränderungen jeweils geplant waren.

2.2.3 AUS MOTIVEN WERDEN THEMEN

Die Gruppe teilt sich auf in Kleingruppen von 3—5 Spielern. Sie sollen 2—4 Motive gemeinsam erfinden und zu einem in sich geschlossenen The-

MEDIEN: Orff-Instrumentarium mit bestimmbarer Tonhöhe, spielereigene Melodieinstrumente

SOZIALFORM: Kreissitzform, Arbeit in Kleingruppen

ma verarbeiten, wobei es darauf ankommt, einen bestimmten, vorher antizipierten Charakter des Themas zu treffen. Beispiel für 3 Motive und ihre Verarbeitung zu Themen.

Motiv a   Motiv b   Motiv c

Thema 1, im Charakter ruhig, getragen:

Thema 2, im Charakter lustig, fröhlich:

Thema 3, im Charakter melancholisch:

Thema 4, im Charakter heiter, spöttisch:

INTENTIONEN/ERLÄUTERUNGEN

Das Thema (v. griech.: = das Gesetzte) ist ein überschaubarer musikalischer Grundgedanke, der aus verschiedenen Motiven besteht und eine weitere Entwicklung ermöglichen soll. (Fugenthema, Suitenthema, Sonatenthema usw.).

Je einfacher ein Thema ist, desto offener ist es für musikalische Verarbeitung.

Themen zeigen sehr unterschiedliche Charaktere und bestimmen damit den Ausdruck von Sätzen oder Satzteilen.

Die Spieler sollen lernen, Charaktere von Themen nicht nur zu analysieren, sondern auch zu gestalten: Heiter, traurig, munter, getragen, leidend usw.

Das Tonmaterial kann entsprechend den Fähigkeiten der Spieler auf wenige Töne eingeschränkt werden, bestimmte Skalen umfassen oder ganz freigegeben werden.

Erweiterungen

— Motive werden in Kleingruppen improvisatorisch aneinandergereiht zu Themen.

— Jeder Spieler bildet für sich aus Motiven verschiedene Themen und trägt sie vor.

— Themen werden aufgeschrieben und nach den in 2.2.2 erarbeiteten Prinzipien improvisatorisch verarbeitet.

2.3 Melodienbildung

2.3.1 MELODISIERUNG VON RHYTHMEN

Jeder notiert sich einen Rhythmus von 4 Takten Länge:

Beispiel:

Dieser Rhythmus ist nun mit einer Melodie versehen zu spielen. Das Tonmaterial kann freigegeben werden.

Beispiel:

Erweiterungen

— Spieler A spielt einen Rhythmus, Spieler B melodisiert ihn, Spieler C erfindet wieder einen Rhythmus, Spieler D melodisiert usw.

— Spieler A spielt einen Rhythmus, jeder Spieler in der Gruppe melodisiert ihn nacheinander auf seine Weise.

2.3.2 ERFINDEN VON OSTINATI

Jeder Spieler soll eine ruhige Melodie von z. B. 8 Takten Länge erfinden, die in sich abgeschlossen ist und sich zur oftmaligen Wiederholung eignet.

MEDIEN: Orff-Instrumentarium mit bestimmbarer Tonhöhe, spielereigene Melodieinstrumente, Tafel.

SOZIALFORM: Kreissitzform, Arbeit in Kleingruppen

INTENTIONEN/ERLÄUTERUNGEN

Selbst Spielern, die ihre Instrumente gut beherrschen, fällt es oft schwer, Melodien zu erfinden. Sie sind gewohnt, Noten vom Blatt zu spielen, ihre Phantasie dagegen wurde auf instrumentalem Gebiet nur wenig gefördert und gefordert.

Um sie nicht zu verunsichern empfiehlt es sich, ihnen möglichst Brücken zu bauen dergestalt, daß ihnen *viele* verschiedene Methoden gezeigt werden, ihrer Phantasie bezüglich der Erfindung von Melodien auf die Sprünge zu helfen.

Das Melodisieren von Rhythmen ist eine Möglichkeit von vielen, das zu üben.

MEDIEN: Orff-Instrumentarium mit bestimmbarer Tonhöhe, spielereigene Melodieinstrumente, Tafel, Schülerhefter.

Das Tonmaterial sollte zunächst auf die 5 Töne d − e − g − a − c beschränkt bleiben.

Methodisch lassen sich die Ostinati u. a. auf zweierlei Wegen finden:

a) Die Spieler probieren solange auf ihrem Instrument, bis sie einen Ostinato gefunden haben, der ihnen gefällt;
b) Sie konzipieren Ostinati auf dem Notenpapier und spielen sich ihr Ergebnis zur Überprüfung selbst vor.

Beispiel:

Erweiterungen

— Für gut befundene Ostinati können von der ganzen Gruppe gespielt werden, während jeweils ein Spieler Gelegenheit erhält, rhythmisch und melodisch Improvisationen dazu zu erfinden.

2.3.3 SYNTHESE VON FRAGE UND ANTWORT

Bei reduziertem Tonmaterial (d − e − g − a − c) stellt ein Spieler eine musikalische Frage und ein anderer beantwortet sie (siehe Kap. 2.1.2). Die ganze Gruppe wiederholt Frage und Antwort als abgeschlossene Melodie, als eine Phrase von Vordersatz und Nachsatz.

Beispiel:

Spieler A
Frage:

Spieler B
Antwort:

Alle:

SOZIALFORM: Kreissitzform, Arbeit in Kleingruppen, Einzelarbeit

INTENTIONEN/ERLÄUTERUNGEN

Ein Ostinato (lat. obstinatus = hartnäckig, beharrlich) ist eine Melodie, die ständig wiederkehrt, wobei sie rhythmisch und tonlich verändert werden kann.

Der Ostinato ist ein spätestens seit dem Mittelalter bekanntes Stilmittel. Seine ständige Wiederholung reizt den Musiker, ihn zu erweitern, zu verändern, zu variieren. Auch Instrumentalisten empfinden diesen Reiz. Damit sind gute Voraussetzungen gegeben, kreativ zu werden.

MEDIEN: Orff-Instrumentarium mit bestimmbarer Tonhöhe, spielereigene Melodieinstrumente

SOZIALFORM: Kreissitzform, Arbeit in Kleingruppen

INTENTIONEN/ERLÄUTERUNGEN

Viele Phrasen und Melodien von Liedern, aber auch Themen von Sonaten, Suiten, Symphonien oder Konzerten usw. sind nach dem Prinzip von Vordersatz und Nachsatz organisiert.

Indem Instrumentalisten selbst Melodien aus Einzelteilen zusammensetzen, bekommen sie einen Sinn für Details, ohne den Blick für das Ganze dabei zu verlieren. (vgl. 2.1.4)

2.3.4 ZUSAMMENSETZEN VON MELODIEN AUS MELODIE-BAUSTEINEN

Bei reduziertem Tonmaterial (d – e – g – a – c) und festgelegter Taktart bekommen die Instrumentalisten die Aufgabe, kurze Melodien von ca. 2 Takten Länge zu notieren (in ihrem Hefter, auf großen Notenblättern oder an der Tafel) und zu spielen.

Beispiel:

Jeweils 2 Melodie-Bausteine werden anschließend improvisatorisch so montiert, daß sich bei leichten Veränderungen und Sequenzierungen im angegebenen Tonraum 8-taktige Melodien ergeben.

Beispiel:

MEDIEN: Orff-Instrumentarium mit bestimmbarer Tonhöhe, spielereigene Melodieinstrumente, Notenpapier, Tafel, Tapetenreste und Filzschreiber.

SOZIALFORM: Kreissitzform, Arbeit in Kleingruppen, Einzelarbeit

INTENTIONEN/ERLÄUTERUNGEN

Diese Übung ermöglicht es den Instrumentalisten, aus Melodie-Bausteinen größere musikalische Einheiten praktisch zusammenzuaddieren. Sie sollte sowohl schriftlich durchgeführt, als auch im Sinne von Stegreiferfindungen nur instrumental probiert und ausgeführt werden.

2.3.5 ZUSAMMENSETZEN VON MELODIEN AUS MELODIEBAUSTEINEN NACH GRAFIKEN

Bei reduziertem Tonmaterial (d — e — g — a — c) und festgelegter Taktart (2/4; 3/4; 5/4-Takt; usw.) sollen kurze Melodiebausteine erfunden, grafisch notiert und gespielt werden.

Beispiel:

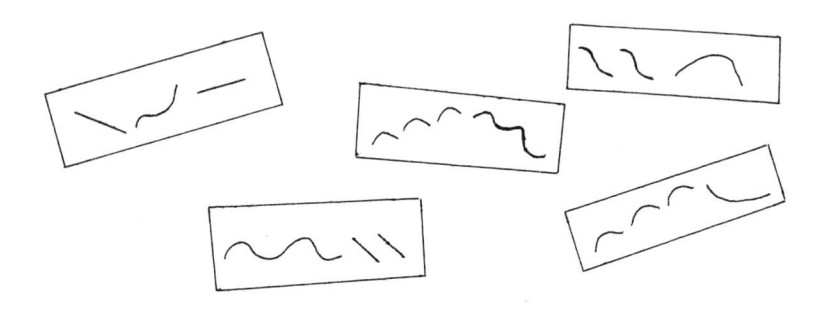

Größere musikalische Einheiten können dadurch entstehen, daß man nacheinander jeweils einen Melodie-Baustein nach der Grafik spielt, selbständig verändert, und dem Nachfolger per Blickkontakt verdeutlicht, wann er einsetzen soll, um in gleicher Weise fortzufahren.

Erweiterungen

— Es sollen Melodien mit bestimmtem Charakter erfunden und grafisch notiert werden, um darüber anschließend zu improvisieren: getragen, fröhlich, schwingend, deprimiert usw.

2.3.6 SEQUENZIERUNG

Ein kurzes Motiv soll erfunden, auf verschiedenen Tonstufen nachgespielt (sequenziert) und durch eine hinzugefügte Schlußwendung beendet werden.

Beispiel:

Motiv:

MEDIEN: Orff-Instrumentarium mit bestimmbarer Tonhöhe, spielereigene Melodieinstrumente, Notenpapier, Tafel, Tapetenreste und Filzschreiber

SOZIALFORM: Kreissitzform, Arbeit in Kleingruppen, Einzelarbeit

INTENTIONEN/ERLÄUTERUNGEN

Bei dieser Übung kann für alle methodisch einsichtig der Schritt von der traditionellen Noten-Notationsweise zur grafischen Notation durchgeführt werden. Die Notation verliert in Form der Grafik ihre Eindeutigkeit und damit ihren Absolutheitsanspruch. Sie reduziert sich auf die Funktion als Gedächtnisstütze. Damit erweitert sich gleichzeitig der Freiraum der Interpretation.

MEDIEN: Orff-Instrumentarium mit bestimmbarer Tonhöhe, spielereigene Melodieinstrumente

SOZIALFORM: Kreissitzform, Arbeit in Kleingruppen

INTENTIONEN/ERLÄUTERUNGEN

Größere melodische Einheiten können auf vielerlei Art entstehen. Eine sehr einfache ist das Wiederholen auf einer anderen Tonstufe, das Sequenzieren.

Sequenzierung:

                                                                     Schlußwendung

Erweiterungen

Ein Spieler improvisiert ein Motiv, auf Blickkontakt hin wird es von anderen nacheinander und gemeinsam sequenziert.

2.3.7 MONOLOGE

Jeder Spieler soll versuchen, auf seinem Instrument „eine Rede" zu halten. Mit bestimmtem Tonmaterial (drei Töne, fünf Töne, acht Töne, unbeschränktes Tonmaterial, Vermischung von Tönen und Geräuschen) soll z. B. eine Minute lang unter Vorankündigung des Themas monologisiert werden.

Mögliche Themen:
— Schilderung des letzten Urlaubstages
— Beschreibung eines Verkehrsunfalls usw.

Erweiterungen

Die Mitspieler spenden in den Pausen auf ihren Instrumenten „Beifall", stellen Fragen, kommentieren das Geschehen, allerdings sollte der Solist in seiner Darstellung nicht behindert werden.

2.3.8 DIALOGE

Zwei Spieler führen auf ihren Instrumenten ein Gespräch. Sie sollen mit bestimmtem Tonmaterial (3 Töne, 5 Töne, 8 Töne, 12 Töne, unbeschränktes Ton- und Geräuschmaterial) eine Minute lang sich jeweils unterhalten.

Mögliche Themen:
— Streit zwischen Mann und Frau,
— Nach dem Verkehrsunfall,
— Hochwasserkatastrophe usw.

Erweiterungen

— Die Mitspieler können, ohne die beiden Dialogführenden zu stören, leise den jeweiligen Erregungszustand der beiden Diskutanten darstellen (Herzklopfen, Coolness).

Sequenzierungen ermöglichen den Instrumentalisten in der Improvisation, dem Mitspieler zu signalisieren, daß man bereit ist, auf ihn einzugehen. Zudem eignen sie sich gut als Ausgangsbasis für vielfältige musikalische Entwicklungen in der Improvisation.

MEDIEN: Orff-Instrumentarium mit bestimmter und unbestimmter Tonhöhe, alle spielereigenen und selbstgebastelte Instrumente

SOZIALFORM: Kreissitzform

INTENTIONEN/ERLÄUTERUNGEN

Angeregt durch das Thema und die Zuhörerschaft soll jeder Spieler Gelegenheit bekommen, sich auf seinem Instrument freizuspielen, alle Klangmöglichkeiten auszunutzen, sich einmal richtig zu produzieren.

Er kann so lernen, daß er viel mehr Phantasie hat, als er glaubte und wird so vielleicht dazu angeregt, auch zu Hause für sich selbst frei zu improvisieren und damit einen Bereich zu erschließen, indem er sich ungebunden ausdrücken kann.

MEDIEN: Orff-Instrumentarium mit bestimmbarer Tonhöhe, spielereigene Melodieinstrumente, Fellinstrumente, selbstgebaute Instrumente zur Gestaltung des Hintergrundes

SOZIALFORM: Kreissitzform, Arbeit in Kleingruppen

INTENTIONEN/ERLÄUTERUNGEN

Im Dialog kommt es darauf an, nicht nur seine eigene Meinung einzubringen, sondern auch auf den Mitspieler einzugehen. Dies erfolgt dadurch, daß man Motive des Dialogpartners aufnimmt, rhythmisch oder melodisch verarbeitet und in die eigene Rede einbaut.

— Mit zunehmender Übung können auch 3, 4, 5 oder 6 Instrumentalisten miteinander Gespräche führen, wobei die Regeln des Gesprächs — aussprechen lassen (!) — auch beim Improvisieren gelten.

2.3.9 MELODISCHES KOFFERPACKEN

Die Beschränkung des Tonmaterials auf wenige Töne (drei, max. fünf) ist unbedingt notwendig.

Spieler A erfindet eine kurze, prägnante Melodie. Alle wiederholen diese Melodie.

Spieler B erfindet eine weitere Melodie. Alle wiederholen Melodie B und A.

Spieler C erfindet ... (Siehe dazu Kap. 1.2.3)

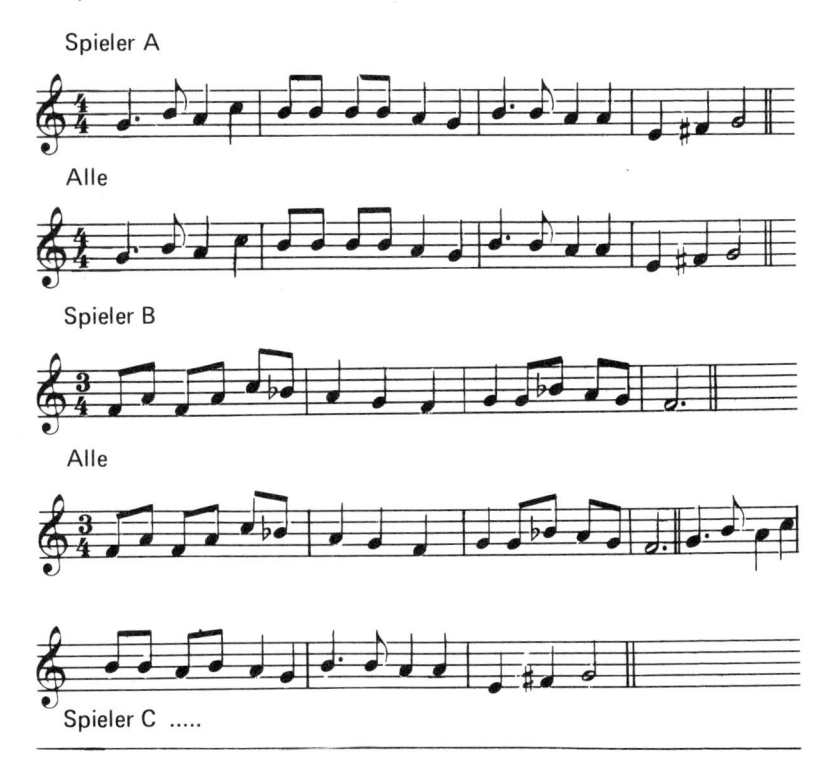

Beispiel:

Spieler A

Alle

Spieler B

Alle

Spieler C .....

MEDIEN: Orff-Instrumentarium mit bestimmbarer Tonhöhe, eigene Melodieinstrumente

SOZIALFORM: Kreissitzform

INTENTIONEN/ERLÄUTERUNGEN

Diese Übung kann zur Schulung des Erfindens und Behaltens von Melodien beitragen.

Praktisch ist sie dadurch zu erleichtern, daß jeder Spieler bei „seiner" Melodie die Führung übernimmt bzw. daß für jede Melodie eine kurze Grafik angefertigt und für alle sichtbar plaziert wird.

3. Mehrstimmigkeit

3.1 Spiel mit fünf Tönen

3.1.1 EINFÜHRUNG IN EINE 5-TON-SKALA

Die Spieler machen sich mit dem Tonmaterial vertraut, indem sie von einem festgelegten Anfangston, z. B. dem a', die jeweils folgenden Töne erkennen und im Kreis hintereinander nachspielen.

Beispiel:

MEDIEN: Orff-Instrumentarium mit bestimmbarer Tonhöhe, spielereigene Melodieinstrumente

SOZIALFORM: Kreissitzform

INTENTIONEN/ERLÄUTERUNGEN

Miteinander zu improvisieren bedeutet in erster Linie, aufeinander zu hören. Aus diesem Grund wird auch bei der Entwicklung mehrstimmiger Stücke das Tonmaterial zunächst auf die 5 Töne d — e — g — a — c reduziert.

5 Töne (und deren Oktavierung) sind erfahrungsgemäß eine Anzahl, die man gerade noch gut unterscheiden und mit einer gewissen Übung schnell nachspielen kann. Bei einer größeren Anzahl von Tönen wird das schon wesentlich schwieriger, bei weniger als 5 Tönen möglicherweise monoton und dadurch langweilig. Zur Entlastung des Gedächtnisses sollte man die Tonnamen groß z. B. mit Filzschreiber auf ein Stück Tapetenrest schreiben und dieses in die Mitte der Spieler legen:

```
┌─────────────────────────┐
│                         │
│   D — E — G — A — C     │
│                         │
└─────────────────────────┘
```

Bei der vorliegenden Tonauswahl handelt es sich um eine ahemitonische (halbtonlose) Skala, die für den Javanisch-Chinesischen Raum typisch ist. Auf dem Grundton d fehlt die Terz, so daß eine Zuordnung zu Dur oder Moll entfällt. Da keine Halbtonschritte vorkommen, fehlt die in der klassischen Harmonik wichtige Leittonspannung. Alle Töne der vorliegenden pentatonischen Reihe lassen sich beliebig miteinander kombinieren, ohne daß unangenehme Dissonanzen entstehen.

Zur Festigung kann man die Reihe anschließend ein paarmal rhythmisiert gemeinsam spielen.

Beispiel:

usw.

3.1.2 KONTAKTÜBUNGEN

Erlaubtes Tonmaterial: d – e – g – a – c

3.1.2.1 Bildung eines Crescendos
Alle sollen gemeinsam innerhalb einer Minute ein lineares Crescendo gestalten, ohne daß jemand dirigiert oder ein Bruch entsteht.

3.1.2.2 Bildung eines Decrescendos
Alle sollen gemeinsam innerhalb einer Minute ein Decrescendo gestalten, ohne daß jemand dirigiert oder ein Bruch entsteht.

3.1.2.3 Alle beginnen schnell und hektisch zu spielen und werden innerhalb einer Minute kontinuierlich langsamer und ruhiger, bis sie ohne auffälliges Zeichen das Spiel gemeinsam beenden.

3.1.2.4 Ohne Absprache beginnen alle mit den erlaubten 5 Tönen zu spielen und verringern das Tonmaterial so, daß am Ende mit *einem* gemeinsam gefundenen Ton aufgehört wird.

3.1.2.5 Ein Spieler stellt eine Frage –
alle Mitspieler geben eine Antwort, wobei die Antwort in Lautstärke, Tonhöhe, Länge und Artikulationsart der Frage entsprechen soll.

3.1.2.6 Je nach instrumentaler Besetzung soll ein „Staffetenübergang" von einer Instrumentenart zu einer anderen gestaltet werden. Z. B. beginnen die Spieler von Metallklingern, werden nahtlos abgelöst von Holzklingern und diese wiederum übergeben an Spieler von Saiteninstrumenten usw.

MEDIEN: Orff-Instrumentarium mit bestimmbarer Tonhöhe, spielereigene Melodieinstrumente

SOZIALFORM: Kreissitzform, Arbeit in Kleingruppen

INTENTIONEN/ERLÄUTERUNGEN

Diese Übungen eignen sich besonders für Spieler, die sich auf ihren Instrumenten noch unsicher fühlen. Es werden keine Soli verlangt, sondern alle können sich in der Gruppe freispielen. Die Aufgabenstellungen sind gut überschaubar und eignen sich zur Gewöhnung an das Tonmaterial.

Die vorgeschlagenen Kontaktübungen
— lassen sich in Kleingruppen von 3—5 Spielern intensiv vor- und nachbereiten;
— lassen sich über längere und kürzere Zeiträume durchführen;
— sind staccato, non legato und legato auszuführen;
— können auch mit anderen 5-Ton-Skalen oder erweiterten Skalen gespielt werden, z. B.:
   a) des — es — g — as — c
   b) f — g — b — c — d — es
   c) Ganztonleiter: c — d — e — fis — gis — ais
   d) 12-Ton-Leiter.

Durch die zuletzt aufgezeigte Erweiterung des Tonmaterials können Spieler sich an für sie fremde Skalen gewöhnen und Einsicht gewinnen in den Sinn musikalischer Skalen als überschaubare Gestaltungsmittel des Tonkontinuums.

Eine Hilfestellung zur zeitlichen Disposition kann eine deutlich sichtbare Uhr mit Sekundenzeiger leisten.

3.1.3 EINFACHE ZWEISTIMMIGKEIT

Erlaubtes Tonmaterial: d – e – g – a – c

3.1.3.1 Melodische Linie über einem Orgelpunkt.

Alle Spieler spielen zusammen einen Grundton, z. B. das d', als Dauerton. Einer erfindet über diesem Orgelpunkt eine kleine Melodie und fordert per Blickkontakt den nächsten Spieler auf, seine Improvisation über dem Orgelpunkt fortzusetzen.

Erweiterungen

— Der Orgelpunkt kann rhythmisiert werden;

— Der Orgelpunkt kann durch alle 5 Töne wandern;

— Je zwei Spieler improvisieren über dem Orgelpunkt und versuchen, sich motivisch und rhythmisch zu ergänzen.

3.1.3.2 Ostinati und Melodien

Alle spielen zunächst einen einfachen, möglichst selbstentwickelten Ostinato. (siehe Kapitel 2.3.2)

Beispiel:

Jeweils einer bekommt Gelegenheit, solistisch über diesem Ostinato frei zu improvisieren.

Erweiterungen

— Die Ostinati können durch Fellinstrumente rhythmisch interessant unterlegt werden;

— Jeweils 2 Spieler improvisieren über dem Ostinato, wobei sie versuchen sollen, Motive des Mitspielers aufzunehmen, zu sequenzieren, zu variieren usw.

MEDIEN: Orff-Instrumentarium mit bestimmbarer Tonhöhe, spielereigene Melodieinstrumente

SOZIALFORM: Kreissitzform

INTENTIONEN/ERLÄUTERUNGEN

Ein Orgelpunkt ist ein langanhaltender Dauerton, der auf die frühesten Anfänge der mittelalterlichen Mehrstimmigkeit (punctus organicus) zurückgeht.

Durch seine einfache Form schafft er eine Basis für das freie Musizieren von Oberstimmen.

MEDIEN: Orff-Instrumentarium mit bestimmbarer Tonhöhe, spielereigene Melodieinstrumente, Fellinstrumente

SOZIALFORM: Kreissitzform

INTENTIONEN/ERLÄUTERUNGEN

Da der Ostinato von allen schnell beherrscht und automatisch gespielt werden kann, haben die Schüler die Möglichkeit, neben dem eigenen Spiel die Melodien der Solisten zu verfolgen. Damit wird die wichtige Fertigkeit entwickelt, Musik gleichzeitig selbst zu gestalten und bei anderen zu verfolgen.

3.1.4 POLYPHONE FORMEN

Tonmaterial: d — e — g — a — c

3.1.4.1 Der Kanon

Mit dem angegebenen Tonmaterial sollen achttaktige Melodien erfunden und für alle sichtbar (an der Tafel oder auf Tapetenresten) notiert werden.

Beispiel:

Der Kanon soll
— zweistimmig (Einsatz bei 1. und 3.)
— dreistimmig (Einsatz bei 1., 2. und 3.)
— vierstimmig (Einsatz bei 1., 2., 3. und 4.)
gespielt werden, wobei die Stimmen der Mitspieler genau zu verfolgen sind.

Nachdem das Prinzip der Kanongestaltung von allen aufgenommen wurde, soll versucht werden, zwei- bis vierstimmige Kanons in Kleingruppen zu improvisieren.

MEDIEN: Orff-Instrumentarium mit bestimmbarer Tonhöhe, spielereigene Melodieinstrumente

SOZIALFORM: Kreissitzform, Kleingruppenarbeit

INTENTIONEN/ERLÄUTERUNGEN

Der Kanon (griech. = Regel, Richtschnur) ist gekennzeichnet durch eine strenge Nachahmung einer Melodie in einer zweiten- und in weiteren Stimmen.

An dem Kanon kann demonstriert werden, wie sich aus einer Melodie ein vierstimmiges Geflecht bilden läßt. Optisch kann dies durch die Erstellung einer Partitur verdeutlicht werden.

Beispiel:

3.1.4.2 Improvisation einer Fugenexposition

Zunächst wird an einer Grafik der formale Aufbau einer Fugenexposition erläutert:

1. Stimme :	Thema ⊢―――⊣	Kontrasubjekt ⊢∼∼⊣	1. freies Spiel ⌊//////⌉	2. freies Spiel ⌊/////⌉
2. Stimme:		Thema ⊢―――⊣	Kontrasubjekt ⊢∼∼⊣	1. freies Spiel ⌊/////⌉
3. Stimme:			Thema ⊢―――⊣	Kontrasubjekt ⊢∼∼⊣
4. Stimme:				Thema ⊢―――⊣

Auch eignet sich das vorliegende Modell dazu, das Prinzip von Krebsbildung, Umkehrung und Krebsumkehrung zu demonstrieren:

Originalmelodie

(Notenbeispiel mit Takten 1., 2., 3., 4.)

Krebs (Melodie von Rückwärts gelesen)

(Notenbeispiel mit Takten 1., 2., 3., 4.)

Umkehrung (Spiegelbild der Melodie, Spiegelton ist das g')

(Notenbeispiel mit Takten 1., 2., 3., 4.)

Krebsumkehrung (Spiegel des Krebses)

(Notenbeispiel mit Takten 1., 2., 3., 4.)

Spielt man alle 4 Stimmen gleichzeitig als Kanon, so ergibt sich daraus ein Geflecht von 16 Stimmen.

MEDIEN: Orff-Instrumentarium mit bestimmbarer Tonhöhe, Spielereigene Melodieinstrumente

SOZIALFORM: Kreissitzform, Arbeit in Kleingruppen

INTENTIONEN/ERLÄUTERUNGEN

Instrumentalisten können anhand der Fuge (ital.: = Flucht) lernen, ein Thema zu entfalten, beim Kontrasubjekt ein Gegenthema zu entwerfen und in den freien Phasen mit den Motiven des Themas in Form von Sequenzierung, Augmentation, Diminution usw. alle ihre Phantasie einsetzend zu arbeiten.

Die Instrumentalisten treffen sich in Gruppen zu je vier (acht oder zwölf) Spielern und bekommen die Aufgabe, innerhalb der Gruppe ein Thema und ein Kontrasubjekt von z. B. 4 Takten Länge zu erfinden, zu notieren und gemeinsam zu üben. Beispiel:

Fugenthema

Kontrasubjekt

Anschließend wird entsprechend der Grafik musiziert.

Spieler A spielt das Thema, das Kontrasubjekt und improvisiert ein erstes und zweites freies Spiel aus Elementen des Themas und des Kontrasubjekts. Spieler B, C und D setzen entsprechend der Grafik ein. Hat Spieler D das Thema gespielt, ist die Exposition der Fuge fertig.

Erweiterungen

— die Spieler sollen sich von den Noten lösen und die Fugenexposition frei improvisieren, wobei sie sich an der Grafik bezüglich der Einsätze weiterhin orientieren können.

— die Spieler können, nachdem D das Thema gespielt hat, eine Phase des völlig ungebundenen Zwischenimprovisierens einlegen, um dann in einer anderen Stimme mit dem Thema als Original, Krebs, Krebsumkehrung oder Umkehrung zu beginnen und so eine größere Fugenform selbst zusammenstellen. (Siehe Kap. 4.2.6)

Indem sie anschließend ihre Gestaltung erläutern, lernen sie auch verbal auszudrücken, was sie vorher musikalisch realisiert haben.

An dieser Stelle kann die Analyse tradierter Fugen, etwa aus Bach's „Kunst der Fuge" oder dem „Wohltemperierten Klavier" sehr anregend wirken.

Beispiel einer Fugenexposition mit den erlaubten 5 Tönen:

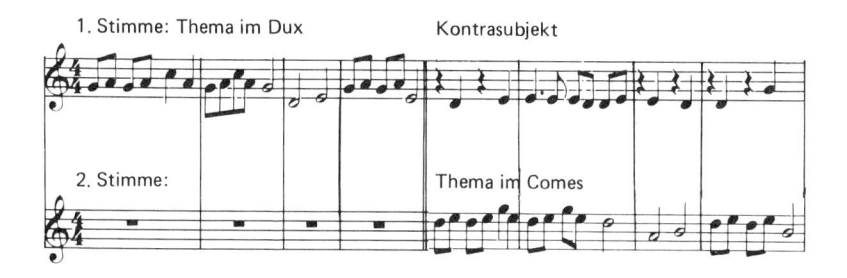

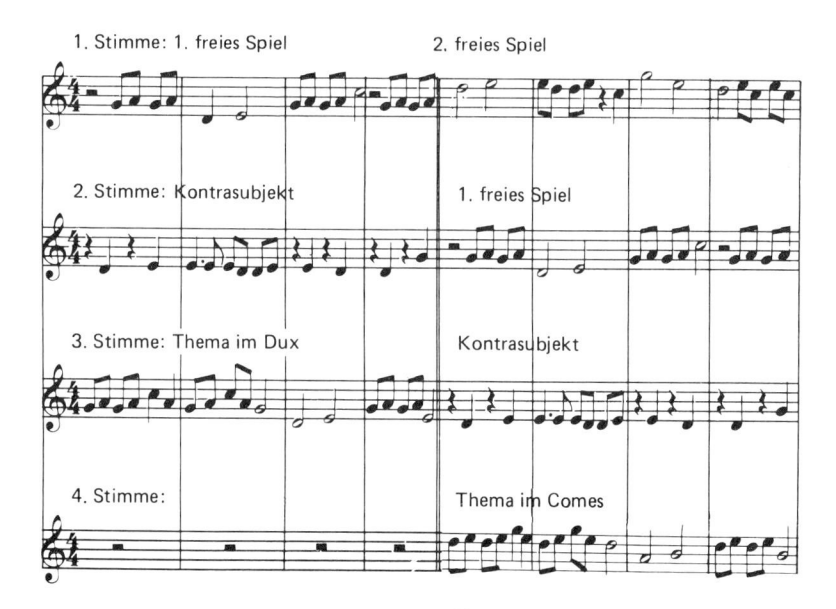

1. Stimme: Thema im Dux   Kontrasubjekt

2. Stimme: Thema im Comes

1. Stimme: 1. freies Spiel   2. freies Spiel

2. Stimme: Kontrasubjekt   1. freies Spiel

3. Stimme: Thema im Dux   Kontrasubjekt

4. Stimme: Thema im Comes

Ende der Fugenexposition

3.1.5 TANZFORMEN

Erlaubtes Tonmaterial: d — e — g — a — c

3.1.5.1 Menuett

Die ganze Gruppe teilt sich auf in drei Untergruppen. Gruppe A spielt auf Fellinstrumenten 3/4-Takt-Rhythmen.

Beispiel:

Gruppe B spielt auf tiefen Orff-Instrumenten und auf Baß-Instrumenten (Metallophon, Baß-Xylophon, Cello, Kontrabaß, Kistenbaß) eine Art „harmonisches Gerüst" (festgelegt oder frei).

Beispiel:

Instrumentalisten der Gruppe C mit Melodieinstrumenten (einschließlich unüblicher Instrumente wie Kazoo, Pergament und Kamm) bekommen dann abwechselnd Gelegenheit, über dem Rhythmus- und Harmonieteppich menuettartige Melodien zu erfinden.

Beispiel:

Erweiterungen

Dem Menuett kann ein Trio zwischengeschoben werden, das nur von je einem Solisten aus jeder Gruppe gespielt wird. Die Mitglieder der Gruppen A, B, C sollten öfter ihre Instrumente wechseln, damit sie alle 3 Arten des Spiels kennenlernen.

MEDIEN: Orff-Instrumentarium mit bestimmbarer Tonhöhe, spielereigene Melodieinstrumente, Fellinstrumente, selbstgebaute Instrumente.

SOZIALFORM: Aufteilung der Gruppe in Spieler von Rhythmus-, Harmonie- und Melodieinstrumenten.

INTENTIONEN/ERLÄUTERUNGEN

Das Menuett war ein Schau- und Gesellschaftstanz, verselbständigte sich in der französischen Instrumentalmusik und stilisierte sich als 3. Satz in der Sonate und Symphonie, bis es in der 3. Beethoven (Eroika) durch das Scherzo ersetzt wurde. Musikalisch ist wichtig, daß im Gegensatz zur landläufigen Meinung nicht der 1. Taktteil, sondern der 2. Taktteil betont, oft auch punktiert wird. Dadurch erhält das Menuett seine geschätzte Leichtigkeit.

Die angeregte Aufteilung in drei Gruppen ermöglicht nicht nur die Beteiligung aller Anwesenden, sondern verdeutlicht zugleich die Struktur des Stückes in Rhythmus-, Harmonie- und Melodieanteilen.

In ähnlicher Weise, wie sie hier aufgezeigt wurde, lassen sich Tänze, wie sie die barocke Suitenfolge aufweist (Pavane, Gaillarde, Branle, Allemande, Courante, Sarabande, Gigue usw.), aber auch modernere Tänze wie Tango, Rumba, Bolero, Samba usw. musizieren.

3.1.5.2 Bolero

Die Instrumentalisten teilen sich auf in drei Gruppen. Gruppe A spielt auf Fellinstrumenten Bolero-Rhythmen.

Beispiele:

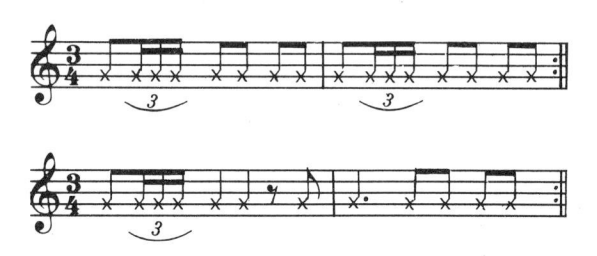

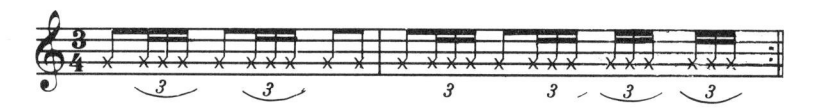

Gruppe B spielt auf tiefen Orff-Instrumenten und auf Baß-Instrumenten (Metallophon, Baß-Xylophon, Cello, Kontrabaß, Kistenbaß) eine Art „harmonisches Gerüst" (festgelegt oder frei).

Beispiel:

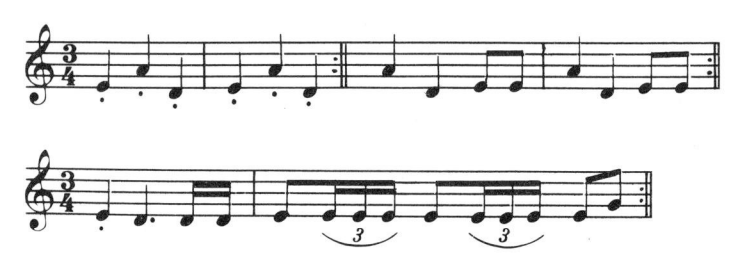

Gruppe C spielt mit Melodieinstrumenten (einschließlich Kazoo, Pergament und Kamm, usw.) über dem Rhythmus-Harmonieteppich boleroartige Melodien.

Beispiel:

usw.

MEDIEN: Orff-Instrumentarium mit bestimmbarer Tonhöhe, spielereigene Melodieinstrumente, Fellinstrumente, selbstgebaute Instrumente.

SOZIALFORM: Aufteilung der ganzen Gruppe in Spieler von Rhythmus-, Harmonie- und Melodieinstrumenten.

INTENTIONEN/ERLÄUTERUNGEN

Der Bolero, bei uns vor allem durch die Konzertfassung von M. Ravel bekannt geworden, ist ein ruhiger spanischer Tanz im 3/4 Takt. Er entstand gegen Ende des 18. Jahrhunderts und wird heute besonders in Kastilien und Andalusien gepflegt.

3.1.5.3 Tango

Die Instrumentalisten teilen sich auf in drei Gruppen. Gruppe A spielt auf Fellinstrumenten Tango-Rhythmen

Beispiele:

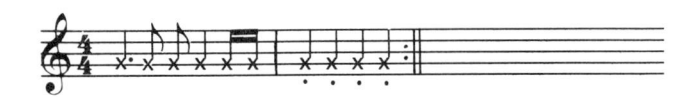

Gruppe B spielt auf tiefen Orff-Instrumenten und auf Baß-Instrumenten (Metallophon, Baß-Xylophon, Cello, Kontrabaß, Kistenbaß) eine Art „harmonisches Gerüst" (festgelegt oder frei).

Beispiel:

Gruppe C spielt mit Melodieinstrumenten (einschließlich Kazoo, Pergament und Kamm etc.) über dem Rhythmus-Harmonieteppich tangoartige Melodien.

Beispiel:

usw.

MEDIEN: Orff-Instrumentarium mit bestimmbarer Tonhöhe, spielereigene Melodieinstrumente, Fellinstrumente, selbstgebaute Instrumente.

SOZIALFORM: Aufteilung der gesamten Gruppe in Spieler von Rhythmus-, Harmonie- und Melodieinstrumenten.

INTENTIONEN/ERLÄUTERUNGEN

Der Tango, ursprünglich eine Bezeichnung für ein afrikanisches Schlaginstrument, entwickelte sich von einem westindisch-mexikanischen Volkstanz zu einem Gesellschaftstanz, der von Südamerika (Argentinien) aus auch im Europa der zwanziger Jahre dank seines prägnanten Rhythmus schnell beliebt wurde.

Typisch für den Tango sind die staccato-Viertelnoten der Rhythmusgruppe, der genau eingehaltene 4/4 Takt, Rubato-Übergänge in der Melodie, Breaks, die Punktierung der 4 des Takts, und Melodien, die zumeist auf Dreiklangsbrechungen basieren.

3.1.5.4 Charleston

Die Spieler teilen sich auf in drei Gruppen. Gruppe A spielt auf Fellinstrumenten Charleston-Rhythmen.

Beispiele:

Gruppe B spielt auf tiefen Orff-Instrumenten und auf Baß-Instrumenten (Metallophon, Baß-Xylophon, Cello, Kontrabaß, Kistenbaß) eine Art harmonisches Gerüst (festgelegt oder frei).

Beispiel:

Gruppe C spielt mit Melodieinstrumenten (einschließlich Kazoo, Pergament und Kamm usw.) über dem Rhythmus-Harmonieteppich charlestonartige Melodien.

Beispiel:

MEDIEN: Orff-Instrumentarium mit bestimmbarer Tonhöhe, spielereigene Melodieinstrumente,

SOZIALFORM: Aufteilung der Gruppe in Spieler von Rhythmus-, Harmonie- und Melodieinstrumenten.

INTENTIONEN/ERLÄUTERUNGEN

Der Charleston ist ein nach einer Stadt in South Carolina benannter Gesellschaftstanz der zwanziger Jahre. Bekannt wurde er durch einen gleichnamigen Schlager von J. P. Hohnson (1923) auch in Europa.

3.1.6 ENTWICKLUNG VON ZWEISTIMMIGKEIT

Tonmaterial: d – e – g – a – c

Je zwei Spieler setzen sich zusammen. Spieler A spielt, z. B. im 3/4 Takt, eine vorher nicht festgelegte Grundmelodie in Dreiviertelnoten, Spieler B improvisiert Umspielungen dazu.

Beispiel:

Improvisatorische Umspielung

Grundmelodie

Erweiterungen

Die Spieler
— wechseln nach jeweils 8 Takten die Rollen;
— beschleunigen das Tempo;
— wechseln die Taktarten;
— gestalten die Grundmelodie lebendiger.

Haben beide Spieler eine gewisse Fertigkeit entwickelt, kann die Übung durch Hinzufügen eines Schlagwerks (Bongos, Congas, Schellentambourin etc.) rhythmisch ausgestaltet werden. Die Hinzunahme eines dezenten Schlagwerks erhöht den Reiz der Übung.

3.1.7 ENTWICKLUNG VON DREISTIMMIGKEIT

Tonmaterial: d – e – g – a – c

Je 3 Spieler setzen sich zusammen. Nach Absprache übernimmt ein Spieler den ruhigen, tiefer gelegenen „Baßpart", während die beiden Mitspieler jeweils eine etwas belebte und eine belebte Melodiestimme darüberimprovisieren.

MEDIEN: Orff-Instrumentarium mit bestimmbarer Tonhöhe, Spielereigene Melodieinstrumente

SOZIALFORM: Partnerarbeit

INTENTIONEN/ERLÄUTERUNGEN

Diese Form der Zweistimmigkeit wird dadurch sehr erleichtert, daß im pentatonischen Raum alle 5 Töne zueinander „passen". Trotzdem sollte, wie im Beispiel angegeben, versucht werden, auf die Töne des Spielers der Grundmelodie einzugehen und durch tonale Schwerpunktbildung bei der Umspielung zu zeigen, daß man nicht „nebeneinanderhermonologisiert", sondern miteinander Musik macht.

MEDIEN: Orff-Instrumentarium mit bestimmbarer Tonhöhe, spielereigene Melodieinstrumente,

SOZIALFORM: Arbeit in Dreiergruppen

INTENTIONEN/ERLÄUTERUNGEN

Bei dieser Improvisation sind die Absprachen auf das Tonmaterial und die „Stimmen" beschränkt. Daher wird von allen drei Spielern viel Ein-

Beispiel:

Erweiterungen

Die Spieler können zusätzlich
- das Tempo beschleunigen;
- die Stimmen nach bestimmter Zeit wechseln;
- andere Taktarten benutzen;
- das Tonmaterial erweitern.

3.2 Harmonisch gebundene Improvisation
3.2.1 DREIKLANGSBRECHUNGEN ÜBER EINEM ORGELPUNKT

Es erfolgt eine Aufteilung in 3 Gruppen. Gruppe A wiederholt auf Melodie- und Orff-Instrumenten immer wieder einen rhythmisierten Grundton:

Ein Spieler der Gruppe B erhält die Möglichkeit, über dem Orgelpunkt eine Melodie aus dazugehörigen Dreiklangstönen zu erfinden.

fühlungsvermögen verlangt, damit wirklich miteinander improvisiert wird und keiner dominiert bzw. nur vor sich herspielt, ohne auf das Spiel der Mitstreiter zu reagieren.

MEDIEN: Orff-Instrumentarium mit bestimmbarer Tonhöhe, spielereigene Melodieinstrumente,

SOZIALFORM: Arbeit in Kleingruppen

INTENTIONEN/ERLÄUTERUNGEN

Der harmonisch gebundenen Improvisation liegt zumeist eine vorher festgelegte Akkordfolge zugrunde, über der sich melodisches Spiel entfalten soll.

Um Sicherheit zu gewinnen, sollte man die Übungen über wenige Akkorde wirklich ernst nehmen und intensiv betreiben. Erst wenn sich alle emotional und musikalisch frei fühlen, sollte das Material schrittweise erweitert werden.

Beispiel:

Spieler einer dritten Gruppe können das Spiel durch Rhythmus-Improvisationen auf Fellinstrumenten lebendiger werden lassen.

3.2.2 DREIKLANGSBRECHUNGEN ÜBER ZWEI AKKORDEN

Man teilt sich in 3 Untergruppen. Instrumentalisten der Gruppe A spielen abwechselnd jeweils einen 4/4-Takt lang zwei rhythmisierte Töne, z. B. G und a:

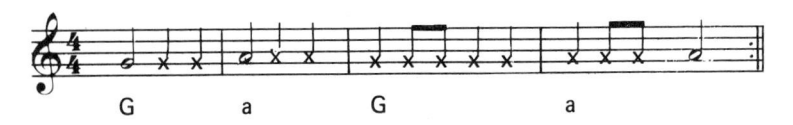

G   a   G   a

Jeweils ein Spieler der Gruppe B erhält die Möglichkeit, über den beiden Grundtönen eine Melodie aus dazugehörigen Dreiklangstönen zu improvisieren:

Spieler einer dritten Gruppe können das Spiel durch Rhythmus-Improvisationen auf Fellinstrumenten lebendiger werden lassen.

MEDIEN: Orff-Instrumentarium mit bestimmbarer Tonhöhe, spielereigene Melodieinstrumente,

SOZIALFORM: Arbeit in Kleingruppen

INTENTIONEN/ERLÄUTERUNGEN

Das Improvisieren über zwei Akkorde bietet schon sehr reiche Entfaltungsmöglichkeiten.

Anfangs sollte man darauf achten, wirklich auf der EINS eines jeden Taktes mit dem Grundton da zu sein und eher auf rhythmische Raffinessen verzichten, als ungenau zu spielen.

Erweiterungen

Interessanter wird die Übung, wenn zwei Spieler der Gruppe B zusammen improvisieren. Dabei sollte einer ruhigere und der andere lebendigere Rhythmen bei der Melodiegestaltung wählen:

3.2.3 IMPROVISATIONEN ÜBER EINEM HARMONIE-OSTINATO I

Man teilt sich auf in drei ausgewogene Untergruppen. Gruppe A spielt auf Fellinstrumenten einen Rhythmus-Ostinato:

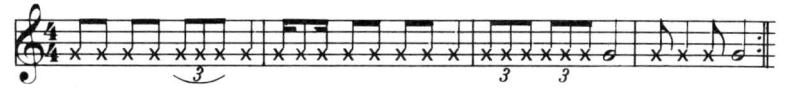

Gruppe B spielt auf Gitarren, Orff-Instrumenten, dem Klavier oder schülereigenen Instrumenten eine wiederkehrende Harmoniefolge:

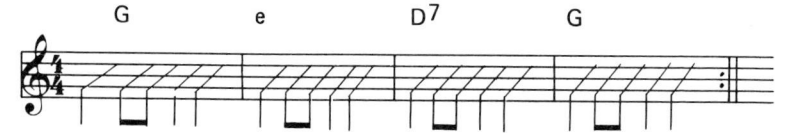

Instrumentalisten der Gruppe C erhalten die Möglichkeit, nacheinander oder zu zweit mit allen denkbaren Melodieinstrumenten über diesem Rhythmus-Harmonie-Teppich Melodien zu erfinden, wobei sie sich zunächst an die sich jeweils aus der Harmonie ergebenden Töne halten sollen:

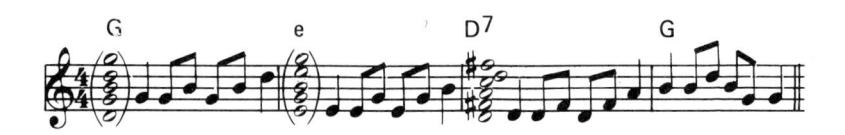

MEDIEN: Orff-Instrumentarium mit bestimmbarer Tonhöhe, spielereigene Melodieinstrumente, Gitarren, Klavier

SOZIALFORM: Kleingruppenarbeit

INTENTIONEN/ERLÄUTERUNGEN

Jeweils auf der EINS eines jeden Taktes liegt der metrische und harmonische Schwerpunkt. Wird ihm durch entsprechende Akkordtöne genügt, können sich im folgenden ruhig auch akkordfremde Töne, also Dissonanzen, ergeben — sie werden als harmonische Bereicherung empfunden.

Hilfestellung: Die Akkordfolge des Ostinatos kann zur Entlastung des Gedächtnisses groß an die Tafel bzw. mit Filzschreiber auf Tapetenreste geschrieben werden:

> G   e   D^7 G

3.2.4 IMPROVISATIONEN ÜBER EINEM HARMONIE-OSTINATO II

Man unterteilt sich in drei ausgewogene Untergruppen. Gruppe A spielt auf Fellinstrumenten einen Rhythmus-Ostinato:

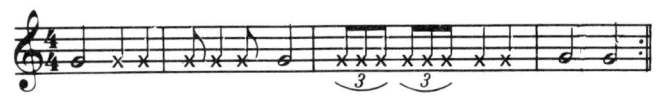

Gruppe B spielt auf Gitarren, Orff-Instrumenten, dem Klavier oder schülereigenen Instrumenten eine wiederkehrende Harmoniefolge:

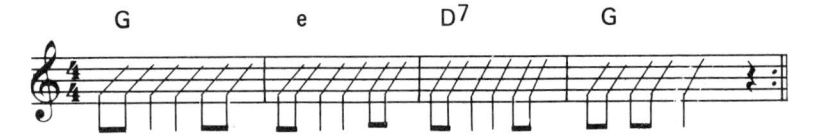

G   e   D^7 G

Instrumentalisten der Gruppe C können sich tonal entfalten, indem nur noch der jeweils erste Ton eines jeden Taktes aus dem angegebenen Akkordmaterial stammen muß, während die restlichen Noten im Takt von der Tonhöhe her freigestellt sind.

Beispiel:

MEDIEN: Orff-Instrumentarium mit bestimmbarer Tonhöhe, spielereigene Melodieinstrumente, Gitarren, Klavier

SOZIALFORM: Kleingruppenarbeit

INTENTIONEN/ERLÄUTERUNGEN

Durch diese Übung werden die Spieler in das Kadenzsystem eingeführt. Sie erfahren durch Eigentätigkeit harmonische Spannungen, ohne daß sie viel von Harmonielehre wissen müssen. Diese und ähnliche Übungen, bei denen jeder nach seinen Fähigkeiten eingesetzt werden kann, führen zur Frage nach den Gesetzen der Harmonie. Damit ist eine gute Ausgangsbasis gegeben für den Einstieg in eine von der Praxis getragene Harmonielehre.

3.2.5 BLUES

3.2.5.1 Harmonische Vorübungen

Die ganze Gruppe gewöhnt sich an das 12-taktige Bluesschema, indem jeder jeweils mindestens einen der angegebenen Akkordtöne auf jedem nur denkbaren Melodie- oder Akkordinstrument mitspielt:

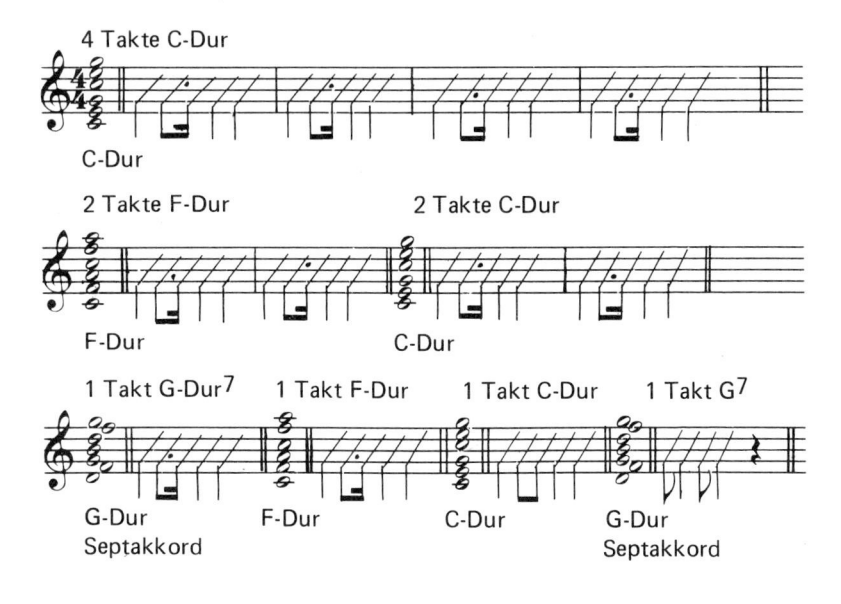

4 Takte C-Dur

C-Dur

2 Takte F-Dur   2 Takte C-Dur

F-Dur   C-Dur

1 Takt G-Dur[7]   1 Takt F-Dur   1 Takt C-Dur   1 Takt G[7]

G-Dur   F-Dur   C-Dur   G-Dur
Septakkord   Septakkord

Erweiterungen

Das Bluesschema sollte man nicht nur in einer Tonart beherrschen. Daher empfiehlt es sich, es auch nach G-dur, D-dur und E-dur zu transponieren und zu üben.

MEDIEN: Alle denkbaren Melodie- und Akkordinstrumente einschließlich Kazoo, Mundharmonika und selbstgebauter Instrumente

SOZIALFORM: Üben in der gesamten Gruppe

INTENTIONEN/ERLÄUTERUNGEN

Der Blues gilt als der rote Faden des Jazz. ,,To be blue'' heißt traurig, niedergeschlagen sein. Durch die vielen Jazzplatten ist die 12-taktige Bluesform den Spielern meist schon bekannt.

Indem sie Gelegenheit bekommen, Blues selbst zu spielen, kann ihnen das unbewußt verinnerlichte Blues-Feeling, das Bluesgefühl, bewußt werden.

3.2.5.2 SINGEN UND SPIELEN EINES BLUES

Damit die Instrumentalisten einen Blues kennenlernen und sehen können, wie er gesungen und gespielt werden kann, sollten sie zur Einführung ein bekanntes Beispiel des öfteren singen und spielen:

Backwater-Blues

Satz:
Helmut Schaarschmidt

MEDIEN: Alle denkbaren Melodie- und Akkordinstrumente einschließlich Kazoo, Mundharmonika und selbstgebauter Instrumente

SOZIALFORM: Üben in der gesamten Gruppe

INTENTIONEN/ERLÄUTERUNGEN

Blues spielen und singen ist sehr viel mehr als nur die Erfüllung des 12-Takt-Schemas. Deshalb ist es wichtig, ein Bluesgefühl langsam aufzubauen.

Dazu eignet sich als Einstieg das Singen und Spielen des nebenstehenden Beispiels.

Ein theoretisches Eindringen in die Bluesproblematik wird durch die Aufarbeitung wichtiger Thesen, z. B. aus dem Buch von Janheinz Jahn: BLUES UND WORK SONGS (Frankfurt 1964, Fischer) erleichtert.

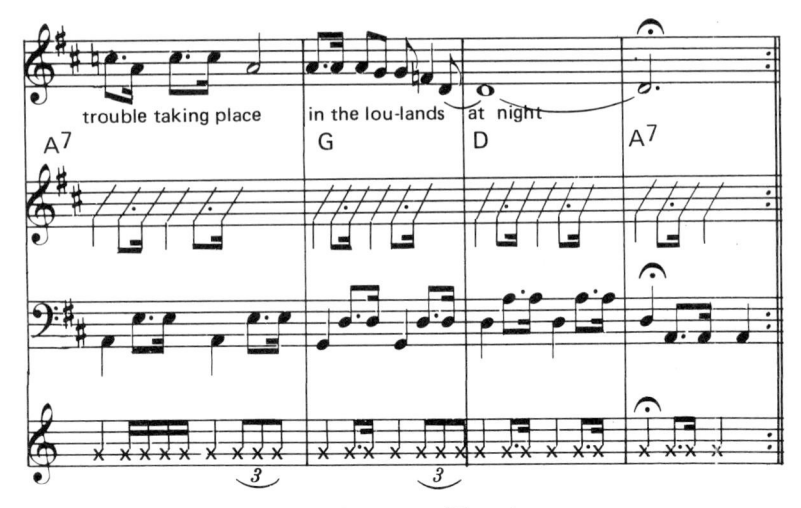

* Alle Punktierungen sind triolisch auszuführen!

3.2.5.3 Begleitformeln für den Blues

Alle Spieler sollen folgende Begleitformeln singen, spielen und nach F-dur, G-dur, D-dur und E-dur transponieren. Punktierungen sollen im Blues grundsätzlich triolisch empfunden werden!

Beispiele für Begleitformeln:

Schlußformel

MEDIEN: Spielereigene Melodieinstrumente, Orff-Instrumentarium mit fester Tonhöhe

SOZIALFORM: Übung mit der ganzen Gruppe

INTENTIONEN/ERLÄUTERUNGEN

Da das 12-taktige Harmonieschema für den Blues festgelegt und die Melodie oft mit Pausen durchsetzt ist, kommt einer möglichst leichten, aber differenzierten Begleitung eine große Bedeutung zu.

Deshalb sollte gerade beim Blues neben interessanten Melodien auf die Ausarbeitung einer dem Charakter des Stückes angepaßten differenzierten Begleitung großer Wert gelegt werden.

3.2.5.4 Bluesrhythmen

Alle Spieler sitzen in einem großen Kreis und üben die Rhythmen, indem sie diese mit beiden Händen auf die Knie schlagen.

< Dies Zeichen bedeutet, daß die Note um ein Geringes früher gespielt wird, als es vom Metrum her angezeigt wäre. (Off-Beat!)

Erweiterungen

Weitere Rhythmen sollen selbst gefunden und notiert werden.

MEDIEN: Spielereigene Melodieinstrumente, Orff-Instrumentarium mit fester Tonhöhe

SOZIALFORM: Übung mit der ganzen Gruppe

ERLÄUTERUNGEN/INTENTIONEN

Für den Blues sind nicht nur Triolen, Überbindungen und Synkopen typisch, sondern vor allem die Vorverschiebung einzelner Noten um den Bruchteil einer Sekunde. In dieser Verlagerung steckt der eigentliche „swing" der Musik.

Die rhythmischen Studien sollten von allen Schülern intensiv betrieben werden, damit sie die Schemata verinnerlichen, auf das Spiel ihrer jeweiligen Instrumente übertragen und gleichzeitig auf das Spiel der anderen achten können.

3.2.5.5 Zusammensetzen des Blues

Die Spieler teilen sich in drei Gruppen. Gruppe A spielt einen differenzierten Rhythmus-Teppich (siehe Kapitel 3.2.5.4) auf Fellinstrumenten.

Gruppe B spielt mit Gitarren und Baßinstrumenten eine harmonisch gebundene Begleitformel (siehe Kapitel 3.2.5.3).

Instrumentalisten der Gruppe C improvisieren nacheinander über den Harmonie-Rhythmus-Begleitteppich Bluesmelodien.

3.2.6 BOLERO

3.2.6.1 Rhythmische Vorübungen

Die Gruppe setzt sich in einen großen Kreis und bekommt den Auftrag, mit Schlagwerk oder Melodieinstrumenten Bolero-Rhythmen vorzuüben und selbst zu erfinden.

Beispiele:

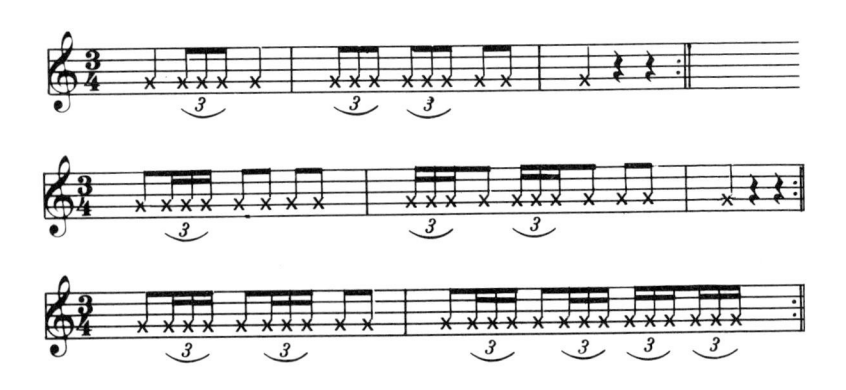

MEDIEN: Alle denkbaren Melodie-, Rhythmus- und Akkordinstrumente einschließlich Kazoo, Mundharmonika und selbstgebauter Instrumente

SOZIALFORM: Übung in drei Untergruppen

INTENTIONEN/ERLÄUTERUNGEN

Nachdem alle Aspekte des Blues einzeln aufgearbeitet wurden, sollte es nicht schwerfallen, den Blues in der angebotenen Weise zusammenzusetzen.

Trotzdem sollte man den Spielern viel Zeit für diese Arbeit lassen, damit sie IHR Blues-Feeling entwickeln, Schleifer, Zwischentöne etc. wagen und sich wirklich einhören und sicherfühlen können.

Es empfiehlt sich, zur Anregung immer wieder Bluesplatten einzuspielen.

Zum Blues gehört eine gesungene Melodie. Man sollte daher die Schüler auffordern, zu ihrem Instrumentalblues eine Singstimme mit selbst gefundenem Text hinzuzufügen (siehe Kap. 3.2.5.2). Inhaltlich sollten Schüler das formulieren können, was sie selbst bedrückt.

MEDIEN: Alle vorhandenen Melodie- und Schlaginstrumente, auch selbstgebaute

SOZIALFORM: Üben in der ganzen Gruppe

INTENTIONEN/ERLÄUTERUNGEN

Typisch für den Bolero sind Triolenrhythmen. Sie sollen exakt gespielt werden, aber tänzerisch locker und leicht wirken.

3.2.6.2 Harmoniemodelle zum Bolero

Alle Instrumentalisten spielen auf Melodie- oder Orff-Instrumenten jeweils einen Ton (Grundton, Terz oder Quint) aus dem angegebenen Akkordmaterial:

1. Stimme

2. Stimme

3. Stimme

Spieler von Baßinstrumenten können jeweils dazu passende Baßstimmen spielen:

Baß

Erweiterungen

Das gleiche Modell soll auch in anderen Tonartenkombinationen geübt werden:

    E-dur + D-dur
    G-dur + F-dur
    a-moll + G-dur usw.

MEDIEN: Alle vorhandenen Melodieinstrumente, Orff-Instrumentarium mit fester Tonhöhe, Baßinstrumente wie Kontrabaß, Cello, Metallophon, Baßxylophon

SOZIALFORM: Üben in der gesamten Gruppe

INTENTIONEN/ERLÄUTERUNGEN

Der Bolero zeichnet sich neben dem markanten Rhythmus durch eine reiche Harmonik aus. Da es für den Spieler schwer ist, harmonisch komplizierte Folgen zu überschauen, hat es sich für Übungszwecke als praktisch erwiesen, einfache Harmoniefolgen, gespielt von verschiedenen Gruppen, zu einer größeren Einheit durch Addition zusammenzusetzen, wobei zwischendurch ein Modell von allen zur Orientierung des öfteren wiederholt wird. (vgl. Rondoform Kapitel 4.2.3)

3.2.6.3 Bolero-Gesamtklang

Die Gruppe teilt sich in vier Untergruppen. Gruppe A spielt einen prägnanten Bolero-Rhythmus und wiederholt ihn mit leichten Veränderungen:

Schlagwerk

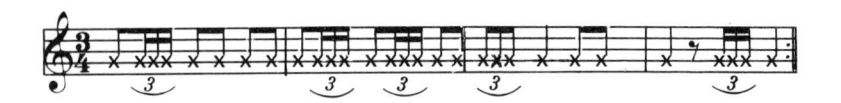

Gruppe B spielt das jeweils gewünschte harmonische Grundgerüst:

Gitarren/Klavier

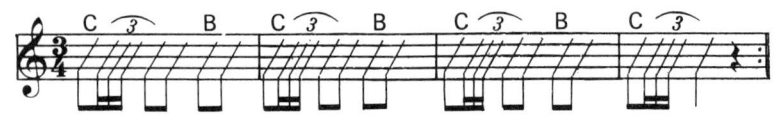

Gruppe C setzt ein Baßfundament:

Cello/Baß/Metallophon/Baßxylophon

Gruppe D erfindet fortlaufend neue Melodien darüber:

Blockflöte/Oboe/Klarinette/Geige usw.

Erweiterungen

Die Spieler sollen selbst Modelle in vielen anderen Tonartenkombinationen entwerfen und als Soli einbringen.

Die Länge der Modelle sollte auf acht, sechzehn, und zweiunddreißig Takte erweitert werden.

MEDIEN: Alle vorhandenen Melodieinstrumente, Orff-Instrumente mit fester Tonhöhe, selbstgebaute Instrumente.

SOZIALFORM: Arbeit in der ganzen Gruppe, wobei Untergruppen einzelne Soli übernehmen können

INTENTIONEN/ERLÄUTERUNGEN

Der Bolero ist bei uns durch das Ravel'sche Orchesterbeispiel bekannt geworden.

Durch die Aufarbeitung des Bolero als Improvisation und sei sie noch so stilisiert, bekommen die Schüler ein Gefühl für die Lebendigkeit und Vielfältigkeit dieses spanischen Tanzes. (vgl. auch Kapitel 3.1.5.2)

3.2.7 RÜCKUNGSMODELL

Die Spieler teilen sich in drei Gruppen auf. Gruppe A spielt einen differenzierten 4/4-Takt-Rhythmus, wobei jeder Schüler seinen individuellen Rhythmus finden soll:

Bongos   Congas

Gruppe B spielt mit Gitarren und Orff-Instrumenten eine Akkordfolge, die aus spanischer Musik bekannt ist:

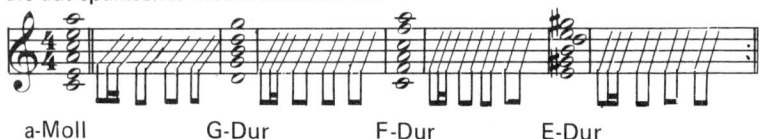

a-Moll   G-Dur   F-Dur   E-Dur

Spieler der Gruppe C erfinden dazu Melodien, wobei sie von einem gegebenen Grundmodell ausgehend weiterprobieren können:

a   G   F   Septakkord E7

oder:

a   G   F   E7

Hilfestellung: Die Akkordtöne von a-moll, G-dur, F-dur und E-dur-Septimen-Akkord werden als Gedankenstütze groß an die Tafel bzw. mit Filzschreiber auf Tapetenreste geschrieben:

Je 1 Takt lang			
a-Moll	G-Dur	F-Dur	G-Dur Septakkord
e c a	D H G	C A F	D H Gis E

MEDIEN: Orff-Instrumentarium mit bestimmbarer Tonhöhe, spielereigene Melodieinstrumente,

SOZIALFORM: Arbeit in drei Gruppen

INTENTIONEN/ERLÄUTERUNGEN

Angeregt durch die eingängige Akkordfolge a-moll, G-dur, F-dur und E-dur-Sept-Akkord und den vielschichtigen Rhythmus-Teppich erhalten die Spieler Stütze und Anregung dazu, immer wieder neue und interessante melodische Wendungen zu erfinden.

Durch harmonische und rhythmische Lebendigkeit eignet sich dieser Tanz gut zu Demonstrationszwecken, ebenso auch als Begleitung für Vorführungen von Tanz-Gruppen.

Beispiel eines nach einer Improvisation notierten Rückungsmodells:

1. Stimme   Satz: Helmut Schaarschmidt

2. Stimme

Klarinette in B

Baß

Gitarren   G   F E^7

Schlagwerk, Schlagzeug

3.2.8 CHACONNE

Die Gruppe teilt sich auf in Kleingruppen von 3—4 Instrumentalisten. Spieler A spielt auf einem Melodieinstrument (oder einer Gitarre oder Orff-Instrument) eine ständig wiederkehrende Grundfigur:

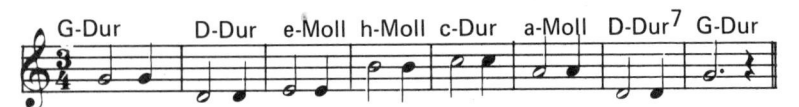

G-Dur   D-Dur   e-Moll   h-Moll   c-Dur   a-Moll   D-Dur⁷   G-Dur

Spieler B spielt darüber solistisch eine Melodie, wobei immer nur der erste Ton des Taktes dem Grundton oder dem Dreiklang des angegebenen Akkordes entnommen zu sein braucht, ansonsten hat er völlig freie Hand, sich zu entfalten:

G-Dur   a-Moll   e-Moll   h-Moll

C-Dur   a-Moll   D-Dur   G-Dur

Spieler C und D untermalen rhythmisch auf Fellinstrumenten.

Erweiterungen

Pianisten können diese Übung als Einstieg für Klavierimprovisationen benutzen, indem sie versuchen, über dem gegebenen Baß immer wieder neue Melodien zu erfinden:

G   D   e   h   C

usw.

MEDIEN: Orff-Instrumentarium mit bestimmbarer Tonhöhe, spielereigene Melodieinstrumente,

SOZIALFORM: Arbeit in Kleingruppen

INTENTIONEN/ERLÄUTERUNGEN

Die Chaconne ist seit dem 16. Jahrhundert als spanischer Volkstanz mit meist fallender Baßlinie bekannt und seitdem als Vokal- und Instrumentalsatz gepflegt worden, wobei Solisten vokal und instrumental aus dem Stegreif dazu improvisieren.

Besonders bekannt ist bei uns die Chaconne aus der Partita d-moll für Violine solo von Johann Sebastian Bach, BWV 1004.

Der Ostinato ermöglicht dem Solisten, melodisch und rhythmisch immer differenziertere Modelle zu erfinden, wobei er auch harmonische Exkurse nicht scheuen sollte.

3.2.9 TRIOSONATE
Erfinden von Melodien über einer erweiterten Kadenz

Die Spieler sollen zunächst durch Ausprobieren auf der Gitarre oder dem Klavier eine Folge von Akkorden finden, die ihnen harmonisch gefällt.

Beispiel:

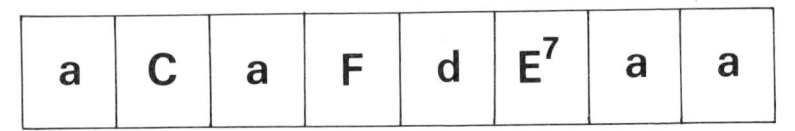

| a | C | a | F | d | E^7 | a | a |

Im zweiten Arbeitsgang sollen sie die Dreiklangstöne zu den Akkorden notieren, die sie auf ihren Instrumenten spielen können.

Zum obigen Beispiel:

a-Moll   C-Dur   F-Dur   d-Moll   E-Dur^7

Als dritten Schritt bekommen die Spieler die Aufgabe, eine bestimmte Reihenfolge der Akkorde festzulegen und für alle sichtbar zu notieren.

Beispiel:

Zwei Takte a-moll, zwei Takte C-dur, zwei Takte a-moll, zwei Takte F-dur, zwei Takte d-moll, zwei Takte E^7, vier Takte a-moll.

Für die Grafik gilt, daß ein Buchstabe jeweils für einen ganzen Takt steht. Kleine Buchstaben bedeuten Moll, große Buchstaben Dur:

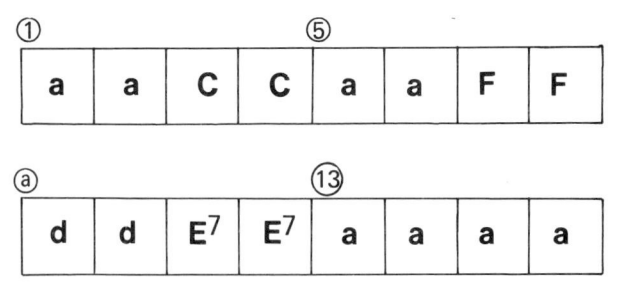

① ⑤
| a | a | C | C | a | a | F | F |

⑨ ⑬
| d | d | E^7 | E^7 | a | a | a | a |

Alle Instrumentalisten spielen im Tutti entweder einzelne Akkordtöne oder Rhythmen. Jeweils 2 Spieler bekommen Gelegenheit, solistisch über dem Harmonie-Rhythmus-Teppich auf Basis von Dreiklangsbrechungen Melodien frei zu erfinden:

MEDIEN: Orff-Instrumentarium mit bestimmbarer Tonhöhe, spielereigene Melodieinstrumente, Fellinstrumente.

SOZIALFORM: Arbeit in Kleingruppen

INTENTIONEN/ERLÄUTERUNGEN

Nach dem Prinzip der barocken Triosonate, bei der über dem Generalbaß zwei Melodieinstrumente musizieren, kann improvisatorisch das Spiel über erweiterte Kadenzen eingeführt werden. Zur Übung sollten Spieler zunächst ihre Stimmen notieren, bei ein wenig Übung genügt es, wenn die Harmoniefolge als Gedächtnisstütze an der Tafel notiert wird.

Gruppenmitglieder, die kein Melodie- bzw. Baßinstrument beherrschen, können mit Fellinstrumenten einen Rhythmus-Teppich unterlegen. Zur Vertiefung lassen sich dazu barocke Triosonaten von Händel, Telemann, Fasch etc. spielen und/oder analysieren (nach welchem Kadenzschema sind sie aufgebaut? In welchem Verhältnis stehen die Melodiestimmen zueinander, welche Verlaufsgraphiken lassen sich für Melodie- und Baßstimmen anfertigen?).

3.3 Harmonisch ungebundene Improvisation

3.3.1 IMPROVISATORISCHE UMSETZUNG VON GRAFIKEN

3.3.1.1 Kontrastbildung durch Wechsel der Dynamik

Die ganze Gruppe sitzt in einem großen Halbkreis vor der jeweiligen Grafik.

Das Tonmaterial ist freigegeben, ebenso das Tempo und die rhythmische Bewegung.

Zur Übung werden verschiedene dynamische Abläufe gemeinsam gestaltet, ohne daß jemand offensichtlich dirigiert:

a) Ein langgezogenes Crescendo über 20–30 Sekunden

b) Ein langes Decrescendo über 20 Sekunden

c) Ein Crescendo und Decrescendo über 30 Sekunden

d) Mehrere Crescendi, die jeweils abbrechen und neu beginnen

e) Eigene kompliziertere Aufgabenstellungen können selbst gefunden, grafisch dargestellt und von allen gemeinsam ausgeführt werden

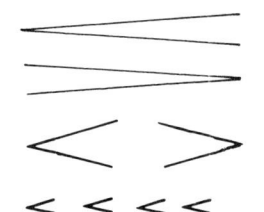

3.3.1.2 Kontrastbildung durch Wechsel der Artikulationsarten

Die ganze Gruppe sitzt in einem großen Halbkreis vor der jeweiligen Grafik.

Das Tonmaterial ist frei gegeben, ebenso das Tempo und die rhythmische Ausgestaltung.

Es sollen zur Übung verschiedene Artikulationsarten gemeinsam gestaltet werden:

a) Legato

Die Töne werden miteinander verbunden.

MEDIEN: Spielereigene Blas-, Streich- und Schlaginstrumente, alle Instrumente aus dem Orff-Instrumentarium, jegliche Art selbstgebauter Instrumente

SOZIALFORM: Die ganze Gruppe sitzt in einem großen Halbkreis vor der Tafel.

INTENTIONEN/ERLÄUTERUNGEN

Da wir normalerweise gewohnt sind, nach Noten zu spielen, fällt das Umsetzen von Grafiken vielen Instrumentalisten relativ schwer. Dabei ist folgendes zu bedenken:

Grafiken können im Gegensatz zum Notenbild nur grob die gewünschte Richtung andeuten.

Jede Interpretation wird daher zwangsläufig unterschiedlich ausfallen.

Gewonnen wird dafür die Möglichkeit für den Spieler, sich und seine Ideen stärker einzubringen.

Beim Spiel nach einer Grafik sollte man daher nicht so sehr fragen, was der Komponist wollte, sondern sich überlegen, was einem selbst dazu einfällt.

Hier ist nicht Perfektionismus, sondern Fantasie gefragt.

MEDIEN: Spielereigene Blas-, Streich- und Schlaginstrumente, alle Instrumente aus dem Orff-Instrumentarium, jegliche Art selbstgebauter Instrumente

SOZIALFORM: Die ganze Gruppe sitzt in einem großen Halbkreis vor der Tafel.

INTENTIONEN/ERLÄUTERUNGEN

Bei der Improvisation vergißt man oft die Artikulation als wesentliches Ausdrucks- und Gestaltungsmittel zu bedenken und in die Vorplanung mit einzubeziehen.

Artikulationsübungen sind sehr gut dazu geeignet, sich aufeinander einzuhören und auf gleiche Spielebenen zu kommen.

b) Staccato

Die Töne werden so kurz als irgend möglich gespielt. Zwischen den Tönen muß soviel wie möglich Zeit zum Verklingen des Tones bleiben.

c) Nonlegato

Die Töne sollen angestoßen werden und ausklingen.

d) Portato

Die Töne werden so dicht wie möglich miteinander verbunden, aber jeweils angestoßen.

e) Grafik zur Kontrastbildung durch Artikulation:

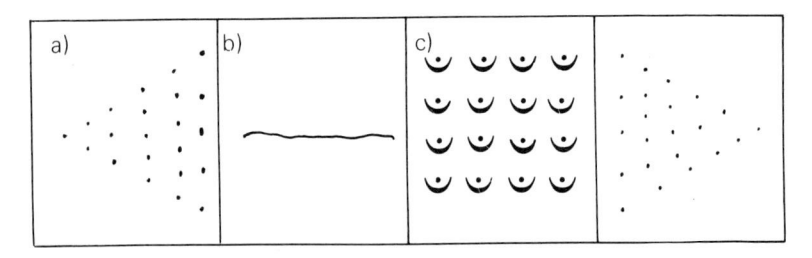

a) Ein Spieler beginnt mit Staccatotönen beliebiger Tonhöhe — alle anderen fallen nacheinander ein.

b) Alle Spieler einigen sich auf einen Ton, z. B. das g', und versuchen, einen Endloston zu produzieren, der möglichst durchgehend gleichlaut bleibt.

c) Alle Spieler versuchen, ein gemeinsames Portato bei beliebigem Tonmaterial zu spielen.

d) Alle Spieler beginnen gemeinsam mit dem Staccato — ein Spieler nach dem anderen steigt aus.

3.3.1.3 Kontrastbildung durch Tempowechsel

Es sollen zur Übung jeweils für Bläser, Streicher und Schlagwerk verschiedene Tempi gespielt und dann kombiniert werden:

a) Langsame Bewegung, Aneinanderreihung von halben und ganzen Noten;

b) Schnelles, aufgeregtes Spiel, eine Folge von Staccatotönen auf allen Lagen des Instrumentes;

c) Mittleres, moderates Tempo, eine Mischung aus Legato- und Nonlegatotönen;

Tempowechsel werden zumeist nicht grafisch dargestellt, sondern nur durch die bekannten italienischen Begriffe über der Grafik angegeben.

Beispiel:

	Vivo	Moderato	Confuoco	Andante
Streicher	∴∴∴			‿‿ ‿‿ ‿‿
Bläser		‿‿‿‿ ‿‿‿‿ ‿‿‿		∴ ∴
Schlagwerk			∴∴∴	‿‿‿‿ ‿‿‿‿ ‿‿‿‿
vivo = lebhaft Streicher spielen lebhafte Staccatonoten	moderato = gemäßigt Bläser spielen ruhige Nonlegato-Töne	con fuoco = mit Feuer Schlagwerk spielt sehr erregte Staccatonoten	andante = ruhige, gehende Bewegung Streicher spielen Legatonoten, Bläser ein ruhiges Staccato und das Schlagwerk ein ruhiges Nonlegato	

MEDIEN: Spielereigene Blas-, Streich- und Schlaginstrumente, alle Instrumente aus dem Orff-Instrumentarium, jegliche Art selbstgebauter Instrumente

SOZIALFORM: Alle Instrumentalgattungen üben zunächst in Kleingruppen für sich, später wird eine Grafik gemeinsam umgesetzt.

INTENTIONEN/ERLÄUTERUNGEN

Das Spiel nach Grafiken ermöglicht nicht nur starre Tempi bzw. plötzliche Tempoveränderungen, sondern es können Tempi sich aus dem gemeinsamen Spiel jeweils ergeben.

Wesentlich ist der Tempofindungsprozeß, also das gegenseitige Aufeinandereingehen. Deshalb sollte bei diesen Übungen niemand dirigieren, sondern jeder auf jeden hören und reagieren.

3.3.1.4 Gestaltung kleiner Spielszenen

Die Gruppe teilt sich in Kleingruppen von 3 bis 5 Spielern. Zu Themen wie „Ausfüllen eines Lottoscheines", „Ehekrach" oder „Autounfall" wird zunächst einmal „einfach drauflos gespielt".

Anschließend erklärt jeder, was er darzustellen versucht hatte.

Die Ergebnisse faßt man in einer mit wenigen Strichen angedeuteten Grafik zusammen und spielt anschließend die Szene so oft, bis sie in für alle befriedigender Weise gelingt und vor der ganzen Gruppe vorgespielt werden kann.

Beispiel: Ausfüllen eines Lottoscheines

Graphik:	/ / /	⌡	/// ⌒ ＼＼＼ ⌣	⌐	＼ ＼ ＼
Inhalt:	Weg zur Lotto-Annamestelle	Öffnen der Tür	Dialog zwischen Verkäufer und Ausfüllendem	Schließen der Tür	Heimweg
Musik:	Andeutung eines Wanderliedes	Ziehgeräusche aufwärts	Dialog zweier Instrumente	Ziehgeräusch abwärts	Andeutung eines Wanderliedes.

MEDIEN: Spielereigene Blas-, Streich- und Schlaginstrumente, alle Instrumente aus dem Orff-Instrumentarium, jegliche Art selbstgebauter Instrumente

SOZIALFORM: Arbeit in Kleingruppen

INTENTIONEN/ERLÄUTERUNGEN

Bei der improvisatorischen Umsetzung von Spielszenen werden oftmals spieltechnische Möglichkeiten auch auf eigenen Instrumenten entdeckt, die sonst ungenutzt und damit verborgen bleiben.

Alle nur erdenklichen Klänge und Geräusche zur Illustration des Geschehens sollten ausprobiert und auf ihre Verwertbarkeit für die jeweilige Szene überprüft werden.

3.3.1.5 Erstellung von Grafiken

Jedes Gruppenmitglied bekommt die Aufgabe, eine eigene Grafik zu entwickeln, die anschließend von der ganzen Gruppe realisiert werden kann.

Beispiel:

Ein in Seenot geratener Matrose treibt auf einem Floß auf dem Meer. Er hört ein Flugzeug, schöpft Hoffnung, das Flugzeug dreht aber ab, ohne ihn gesehen zu haben. Der Mann ist verzweifelt und „dreht durch". Anschließend beruhigt er sich wieder.

Grafische Ausgestaltung:

Grafik:	p	p – f	f – p	ff	
Inhalt:	Ein Floß treibt auf dem Meer	Ein Flugzeug kommt aus der Ferne	Das Flugzeug dreht wieder ab	Der Matrose auf dem Floß ist teils erregt, teils hoffnungslos	Das Floß treibt wieder ruhig dahin
Realisation:	Ruhige Liegeklänge	lang anhaltendes crescendo, Nachahmen eines Flugzeugbrummens	Lang anhaltendes decrescendo	Erregtes u. sentimentales Skalenspiel	Ruhige Liegeklänge wie zu Beginn

MEDIEN: Spielereigene Blas-, Streich- und Schlaginstrumente, alle Instrumente aus dem Orff-Instrumentarium, jegliche Art selbstgebauter Instrumente

SOZIALFORM: Erstellung der Grafiken in Einzelarbeit, Realisation in der Gesamtgruppe

INTENTIONEN/ERLÄUTERUNGEN

Es hat sich als methodisch geschickt erwiesen, zunächst kleine Geschichten schriftlich auszuformulieren, ehe sie in wenigen Strichen dargestellt werden, da eine Grafik nur eine Abstraktion sein kann.

Je konkretere Vorstellungen bei der Herstellung der Grafiken vorhanden sind, desto klarer können die Anweisungen sein und desto eher lassen sie sich in Musik umsetzen.

3.3.1.6 Improvisationen zu pantomimischen Darstellungen

Beispiel:

Vorlage eines „Drehbuches" zum Thema „Höhlenbesuch" zur direkten pantomimischen und improvisatorischen Realisation:

Inhalt / Text	Pantomime	Musikalische Gestaltung
Peter liest in der Zeitung, daß in einer Höhle im Wald ein Ungeheuer sein soll.	Peter liest demonstrativ Zeitung.	Leise Improvisationen über einen Akkord und einen Rhythmus.
Er beschließt, sich die Sache näher anzusehen.	Nachdenkliches Zusammenfalten der Zeitung.	Improvisation stockt, wird immer unruhiger.
Er zieht sich an und geht los.	Suche nach dem Mantel, Schritte auf dem Korridor, Tür öffnen und schließen, losgehen.	Improvisation einer marschähnlichen Musik (Parodie auf Märsche oder Wanderlieder).
Er sucht nach dem Höhleneingang im Wald.	Hin- und hergehen, suchen.	Entsprechend den Bewegungen Improvisation abgebrochener Phrasen.
Peter hat Erfolg. Er findet die Tür zur Höhle und öffnet sie.	Freude über die gefundene Öffnung, zieht die Tür auf, schleicht hinein.	Fröhliches Durcheinander, Türgeräusch-Imitation.
Er hört sehr merkwürdige hohle Geräusche.	Lauscht.	Höhlengeräusche.
Ein Schatten streift seinen Rücken.	Ängstliches Zusammenzucken.	Pfeif-Geräusche. Auf- und Abjaulen.
Er rutscht aus und fällt hin.	Theatralisches Hinfallen.	Tonleiterfiguren abwärts.
Höhnisches, spöttisches Gelächter im Hintergrund.	Liegt und schaut ängstlich umher.	Sehr unruhige Rhythmen und melodische Bewegungen.
Peter flieht so schnell er kann aus der Höhle.	Rennt sich immer wieder umschauend davon.	Schnelle Rhythmen. Triller, Auf- und Abbewegungen.

Ähnliche Modelle sollen in Gruppenarbeit entwickelt und realisiert werden.

MEDIEN: Spielereigene Blas-, Streich- und Schlaginstrumente, alle Instrumente aus dem Orff-Instrumentarium, jegliche Art selbstgebauter Instrumente.

SOZIALFORM: Erstellung der Grafik in Einzelarbeit, Realisation in der Gesamtgruppe

INTENTIONEN/ERLÄUTERUNGEN

Pantomime und Improvisation können sich bei dieser Art Musikszene sehr gut ergänzen: Die Akteure können ihre Bewegungen an die Musik anpassen, ebenfalls aber sollten die Instrumentalisten die Akteure beobachten und ihre Bewegungsabläufe musikalisch kommentieren.

Wichtig ist, daß nicht zu laut gespielt wird, damit wirklich jeder auf alle Mitspieler reagieren kann. Zudem ist Stille notwendig, um Spannung aufkommen zu lassen.

Ergänzend zu diesen Arbeiten kann einmal die Musik eines Kriminalfilms per Tonband aufgenommen werden und in der Gruppe unter dem Aspekt der Spannungsgestaltung analysiert werden, indem man eine Grafik des Musikablaufes anfertigt.

Weitere Aufgabenstellungen zum Thema ,,Improvisation zu pantomimischen Darstellungen'' können lauten:
— ,,Geisterstunde''
— ,,Wettlauf zwischen Hase und Igel''
— ,,Darstellung eines Fußballspiels'' usw.

3.3.2 IMPROVISATION ZU TEXTEN

3.3.2.1 Erstellung eines Melodrams

In der Gesamtgruppe werden die Rollen verteilt. Ein Sprecher liest einen vorbereiteten Text langsam und deutlich.

Ausgesuchte Instrumentalisten versuchen, den Inhalt während des Sprechens klangmalerisch zu gestalten.

Beispiel:

Text für ein Melodram nach den Metamorphosen von Ovid.

Sprecher: Niobe, die Gemahlin des Königs Amphion von Theben, klagt über den Verlust ihrer Kinder.

Instrumente: Langsame, klagend abfallende Tonfolgen, Schluchzen, leiser werdend.

Sprecher: Sie hatte Latona, die Mutter des Apollo, verhöhnt. Dafür wurden ihre 14 Kinder getötet und sie selbst in ein Gebirge verwandelt.

Instrumente: Darstellung der Verhöhnung durch kurze, aufwärtsgehende Phrasen mit spitzen Endtönen. Darstellung des Gebirges: Feste, ruhende Klangflächen.

Sprecher: Noch heute weint sie, wie ihre Tränen, die zu Bächen und Flüssen anschwellen, beweisen!

Instrumente: Klagelaute wie am Anfang, die Flüsse werden durch lauterwerdende Wechselnoten angedeutet.

3.3.2.2 Zeitunglesen

Die Gesamtgruppe sitzt in einem großen Halbkreis. Ein Sprecher liest aus einer Zeitung vor, zunächst mit ruhiger, monotoner Stimme.

Drei Instrumentalisten stehen um ihn herum. Wie Fliegen nähern sie sich vorsichtig und beginnen, ihn zu attackieren.

Die Stimme wird zunehmend lauter, nervöser, ärgerlicher. Der Sprecher schlägt symbolisch nach der Fliege.

Für kurze Zeit ist absolute Ruhe, dann beginnt das Spiel von vorne.

MEDIEN: Spielereigene Blas-, Streich- und Schlaginstrumente, alle Instrumente aus dem Orff-Instrumentarium, jegliche Art selbstgebauter Instrumente

SOZIALFORM: Die Gruppe sitzt in einem großen Halbkreis beisammen. Die Nichtbeteiligten überlegen, wie das Melodram verbessert und realistischer gestaltet werden kann.

INTENTIONEN/ERLÄUTERUNGEN

In einem Melodram stehen Wort und Musik gleichberechtigt nebeneinander, wodurch insgesamt ein tieferer Ausdruck bzw. eine dramatische Steigerung erzielt werden kann.

Melodramen sind z. B. die Kerkerszene in Beethovens Fidelio oder die Wolfsschluchtsszene aus Webers Freischütz.

Ovid war ein römischer Dichter zur Zeit des Augustus, der sich intensiv mit der griechischen Mythologie befaßt hat, aus der die Vorlagen für die Metamorphosen (die Umwandlungen) entnommen sind.

MEDIEN: Spielereigene Blas-, Streich- und Schlaginstrumente, alle Instrumente aus dem Orff-Instrumentarium, jegliche Art selbstgebauter Instrumente

SOZIALFORM: Arbeit in Kleingruppen

INTENTIONEN/ERLÄUTERUNGEN

Bei diesen Szenen wandelt sich die Funktion des Instrumentes, es wird zum Mittel einer Auseinandersetzung und kann somit vielfältig und nuancenreich in direkter Form menschliche Regungen umsetzen.

Aggressivität der Sprache und Intensität des Instrumentalspiels können parallel verlaufen.

3.3.2.3 Gedichtinterpretation

Die Gesamtgruppe teilt sich in Kleingruppen von drei bis fünf Instrumentalisten.

Jede Gruppe sucht sich ein Gedicht aus und versucht, es sprachlich und musikalisch möglichst eindringlich zu interpretieren, wobei Text und Musik sich ergänzen oder konterkarieren können.

Es reden und träumen die Menschen viel Von bessern künftigen Tagen	Auszieren der Träume durch melancholisch-langgezogene Töne Lebendige, fröhliche Dreiklangsbrechungen, Staccato-Bewegungen
Nach einem glücklichen goldenen Ziel Sieht man sie rennen und jagen;	Lebhaftes Durcheinander, heftige Skalenbewegungen, abgerissene Phrasen
Die Welt wird alt und wieder jung, doch der Mensch hofft immer Verbesserung	Sehnsuchtsvolle und gleichzeitig hoffnungsvolle langgezogene Töne, verbunden mit aufgelockertem Linienspiel
(Fr. v. Schiller: ,,Hoffnung" 1. Strophe)	

Spieler und Sprecher verabreden durch Zeichen (z. B. Nicken mit dem Kopf), wann die Interpretation einer Zeile beendet ist. Dabei sollte den Musikern genügend Zeit für eine ausführliche Ausgestaltung bleiben.

MEDIEN: Spielereigene Blas-, Streich- und Schlaginstrumente, alle Instrumente aus dem Orff-Instrumentarium, jegliche Art selbstgebauter Instrumente

SOZIALFORM: Arbeit in Kleingruppen

INTENTIONEN/ERLÄUTERUNGEN

Durch die musikalisch-improvisatorische Interpretation können Gedichte für Akteure und Hörer zu völlig neuen, anders begriffenen Werken werden.

Besonders beliebt sind Gedichte wie Goethes „Hexenmeister", Schillers „Erlkönig", Meyers „Die Füße im Feuer" oder Jandls „im reich der toten" Einen besonderen Reiz erhalten diese Arbeiten, wenn sie per Tonbandgerät oder Kassettenrecorder aufgenommen und elektronisch mit Effekten wie Hall, Echo, Wahwah usw. versehen werden.

4. Improvisation als Methode der Auseinandersetzung mit tradierten Musikstücken

4.1 Improvisationen über die Notenvorlage hinaus
4.1.1 WALZER AUS DER STEIERMARK (TRADIERTE VOLKSMUSIK)

1. Die Gruppe liest sich in den beistehenden Walzer ein und versucht, ihn zunächst ohne Instrumente zu summen.
2. Die Gruppe versucht gemeinsam, den Walzer mit Melodie-, Harmonie-, Rhythmus- und Baßinstrumenten zu spielen. Dabei darf er nicht schwerfällig wirken, sondern soll seinen tänzerischen Charakter entwickeln.
3. In einer kleinen Gruppe von 3—5 Schülern kann der Walzer anschließend analysiert werden:
   — In seinem formalen Aufbau,
   — In seiner melodischen Bewegung,
   — In seiner harmonischen Struktur,
   — In seiner rhythmischen Struktur.

   Im Anschluß an die Analyse sollte die Gruppe versuchen, gemeinsam eine Charakteristik zu erstellen.
4. In der gleichen Kleingruppe kann anschließend versucht werden, unabhängig vom Notenbild einen ähnlichen Walzer zu improvisieren. Dazu sollten in jeder Gruppe zumindest ein Melodie-, ein Harmonie- und ein Rhythmusspieler vereint sein.

   Damit man sich wirklich vom Vorbild löst, empfiehlt es sich,
   — entweder nur mit wenigen „erlaubten" Tönen zu arbeiten
     (z. B. d—e—g—a—c), (Siehe auch Kap. 1.3.2 und 3.1.5.1)
   — oder, wenn man über einer Kadenz spielen will, vorher eine eigene Harmoniefolge festzulegen.

MEDIEN: Orff-Instrumente mit bestimmbarer Tonhöhe als Melodie- und Harmonieinstrumente, spielereigene Instrumente, Rhythmusinstrumente

SOZIALFORM: Zunächst Kreissitzform, dann Kleingruppenarbeit

INTENTIONEN/ERLÄUTERUNGEN

Der Walzer (von gotisch waltjan = sich wälzen) ist ein deutscher Paartanz im Dreiertakt.

Indem man aufgefordert wird, einen Walzer zu improvisieren, ist man veranlaßt, sich mit seiner Struktur zu befassen. Die Kurzanalyse des vorliegenden Beispiels könnte folgendermaßen aussehen:

Form 2 x 16 Takte, Auftakt, jeweils 8 Takte werden wiederholt

Melodische Bewegung: Die erste und zweite Stimme verlaufen zumeist in Terzen, arbeiten mit vielen Tonwiederholungen und halten sich eng, abgesehen von einigen Vorhalten, an die durch die Kadenz gegebenen Dreiklangstöne.

Rhythmische Struktur: Das ganze Stück bleibt rhythmisch im Dreivierteltaktmetrum, Synkopen kommen nicht vor.

Harmonische Struktur: Im wesentlichen gibt es einen Wechsel zwischen Tonika (G-dur) und Dominante (D-dur-Septakkord), nur im vorletzten Takt erscheint einmal die Subdominante (C-dur).

Zusammenfassende Charakteristik:

Der Walzer aus der Steiermark ist ein melodisch, harmonisch und rhythmisch recht einfach und gleichmäßig aufgebautes Stück, wodurch das leichte, beschwingte, volkstümlich Unbeschwerte in den Vordergrund rückt, ohne daß das Stück an Interesse verlieren könnte.

Walzer aus der Steiermark

Satz:
H. Schaarschmidt

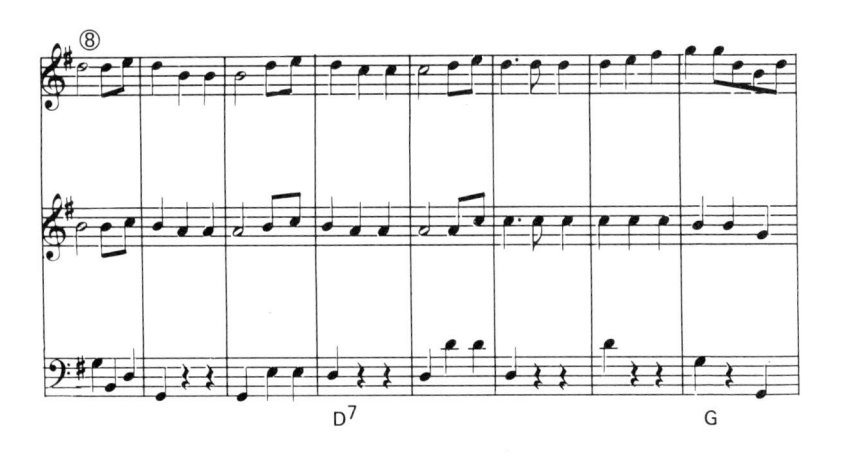

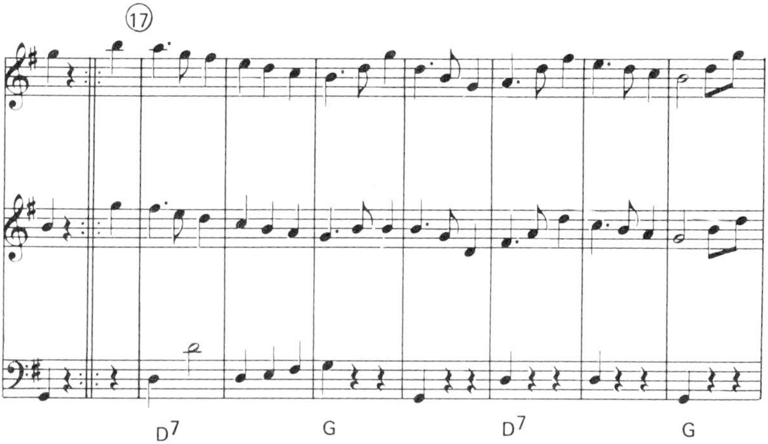
17
D7
G
D7
G

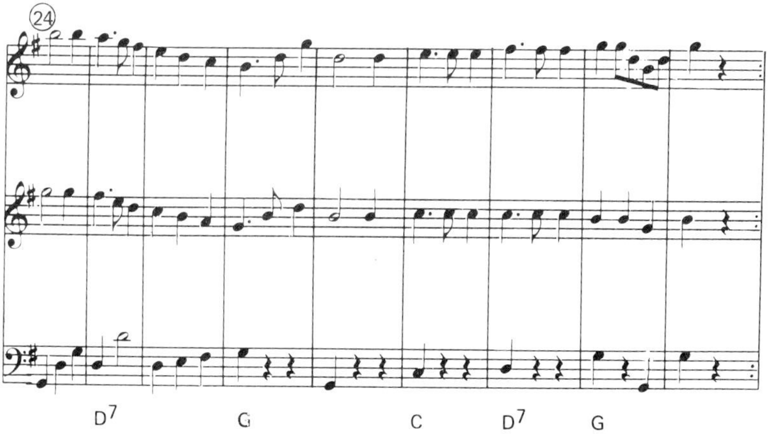
24
D7
G
C
D7
G

4.1.2 LA FOLIA (ARCANGELO CORELLI)

1. Die ganze Gruppe versucht sich in das beiliegende Notenbeispiel einzudenken und es möglichst vierstimmig zu summen (eventuell mit Gitarrenbegleitung oder Klavierunterstützung).
2. Die Gruppe versucht, die Sarabande mit Melodie-, Harmonie-, Rhythmus- und Baßinstrumenten zu spielen, wobei einige auch dazu summen können.
3. In Kleingruppen wird die Sarabande formal, melodisch, harmonisch und rhythmisch analysiert und eine Charakteristik des Stückes erstellt.
4. Ein ähnliches Stück soll improvisatorisch nachgestaltet werden. Dazu ist es notwendig, daß man sich in der Kleingruppe abspricht, wer welche Stimme übernimmt, über was für einem Harmonieschema gearbeitet werden soll und wer den Baß, die Grundlage eines Folia-Modelles, immer wiederholt.

MEDIEN: Orff-Instrumente mit bestimmbarer Tonhöhe als Melodie- und Harmonieinstrumente, spielereigene Instrumente, Rhythmusinstrumente

SOZIALFORM: Zunächst Kreissitzform, dann Kleingruppenarbeit

INTENTIONEN/ERLÄUTERUNGEN

Die Folia ist ein portugiesischer Tanz, der erstmals 1577 in Salinas „De Musica" erwähnt wird.

Der Name wird zurückgeführt auf italienisch: follia = Narrheit bzw. auf spanisch: folla = Menge.

Für diesen Tanz ist die Baßlinie und damit die Harmoniefolge von großer Bedeutung (Vergleiche dazu auch Passacaglia und Chaconne).

Für Improvisationen ist es also zunächst sehr reizvoll, wenn der Baß genau übernommen wird und die Mitspieler auf Melodie- und Rhythmusinstrumenten versuchen, dazu passende Passagen zu erfinden.

Erst später entwickelten sich über dem Harmonieschema der Folia, parallel zur Entwicklung der Tasteninstrumente, brillante Melodievariationen (Siehe dazu Arcangelo Corelli op. 5: 12 Sonaten für Violine und Klavier, daraus die Sonate XII: Follia con variazioni, Ed. Schott).

La Folia (Sarabande) Satz: H. Schaarschmidt

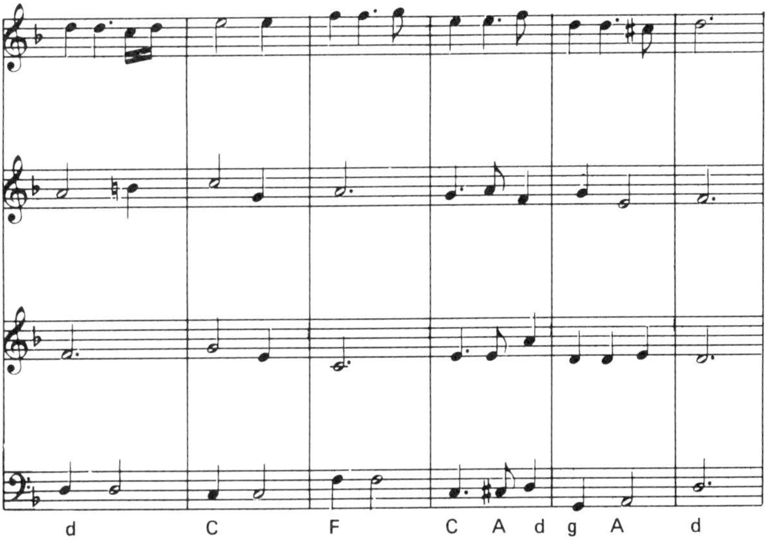
d C F C A d g A d

4.1.3 DER TOD UND DAS MÄDCHEN (FRANZ SCHUBERT)

1. Die ganze Gruppe versucht sich in das beiliegende Notenbeispiel einzudenken und es möglichst vierstimmig zu summen, eventuell mit Gitarren- oder Klavierbegleitung oder durch Vorspiel einer Platte (Franz Schubert, Quartett d-moll für 2 Violinen, Viola und Violoncello, 2. Satz: Andante con moto).

2. Die Gruppe versucht, das bearbeitete Andante mit Melodie-, Harmonie-, Rhythmus- und Baßinstrumenten zu spielen, wobei dazu auch gesungen werden kann.

3. In Kleingruppen wird über das Andante diskutiert: Was sagt es aus, welchen Charakter hat es, welches sind seine bestimmenden musikalischen Strukturen?

4. In der Kleingruppe wird versucht, ein charakterlich ähnliches Stück zu improvisieren. Das Tonmaterial bzw. die Harmoniefolge sollten abgesprochen werden.

MEDIEN: Orff-Instrumente mit bestimmbarer Tonhöhe als Melodie- und Harmonieinstrumente, spielereigene Instrumente, Rhythmusinstrumente

SOZIALFORM: Zunächst Kreissitzform, dann Kleingruppenarbeit

INTENTIONEN/ERLÄUTERUNGEN

Gerade die Auseinandersetzung mit diesem großartigen Beispiel Schubertscher Kammermusik zeigt, daß man sich praktisch mit allen Gattungen und Formen der Musik improvisatorisch auseinandersetzen kann.

In diesem Falle kommt es darauf an, den Charakter des Stückes zu erfassen:

Ausdruck von Trauer, dargestellt durch musikalische Mittel wie:
— langsames Tempo, getragener Rhythmus
— wenig melodische Bewegung
— wenig dynamische Aktionen, das Vorbild erhält nur eine dynamische Steigerung in der Mitte des Stückes, gleichsam als Seufzer, dann überwiegt wieder das Piano
— düsterer Moll-Charakter
— geschlossener formaler Aufbau

In der vorliegenden Bearbeitung kann das Stück zum Kennenlernen mit allen beliebigen Instrumenten, in den beiden Mittelstimmen neben Geigen und Bratschen z. B. auch mit F-Blockflöten, gespielt werden.

Ähnlich wie dieses Stück lassen sich praktisch alle Meisterwerke der Musik improvisatorisch nachempfinden, indem man sich mit dem Vorbild visuell und auditiv auseinandersetzt, es auf seine wichtigsten Charakteristika hin analysiert und, ohne an Noten festzuhalten, versucht, empfindungsmäßig Ähnliches nachzuimprovisieren.

Diese Art von Auseinandersetzung mit tradierter Musik kann für manchen, der von Haus aus nicht gewohnt ist, sich mit barocker, klassischer, romantischer oder gar avantgardistischer Musik auseinanderzusetzen, eine wichtige Erstbegegnung darstellen, auf deren Basis sich eine neue Musikerfahrung aufbauen und vertiefen kann.

Andante con moto

F. Schubert
(Satz: H. Schaarschmidt)

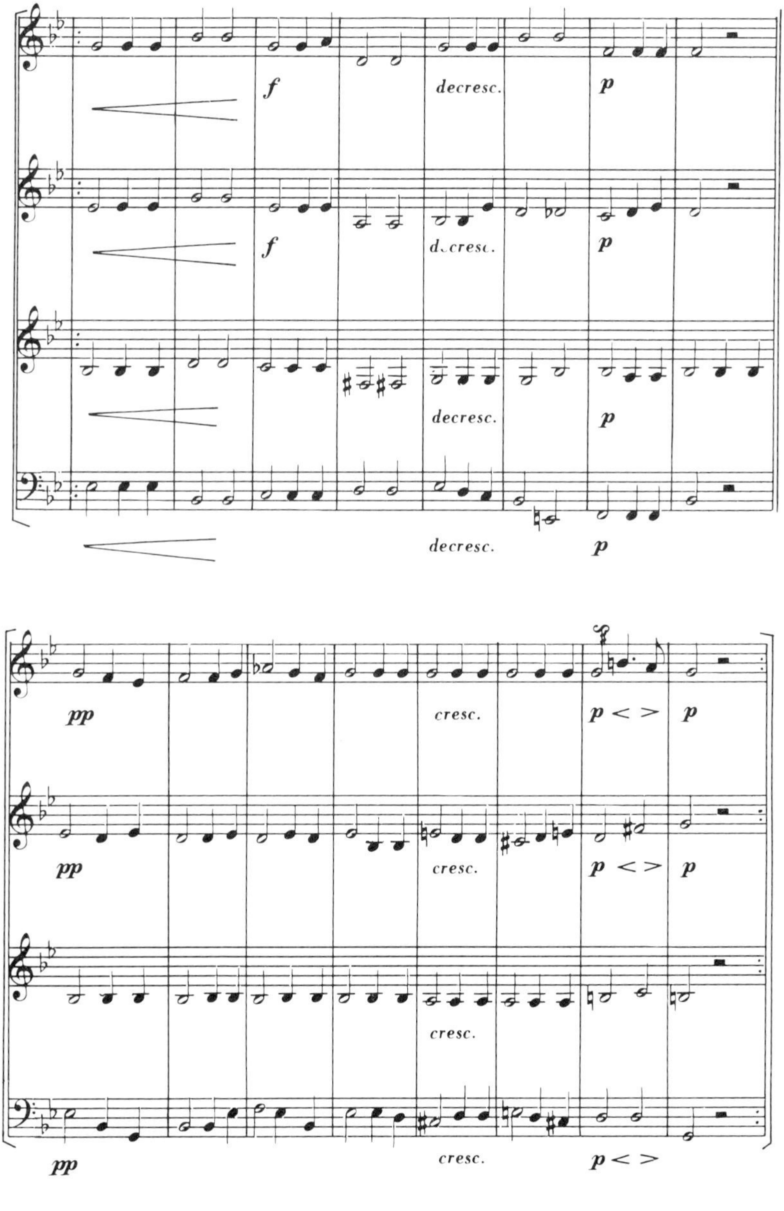
f
decresc.
p
pp
cresc.
p < >

4.2 Improvisatorische Auseinandersetzung mit Formen
4.2.1 LIEDFORMEN

1. In Kleingruppen werden tradierte Lieder auf ihren formalen Aufbau hin untersucht:
   - aus wieviel Takten bestehen sie?
   - wie sind die Lieder gegliedert? (Untersuchung der Einschnitte, welche Teile wiederholen sich?)
   - wo entsteht eine harmonische Spannung, wo harmonische Ruhe?

2. Entsprechend den gefundenen Vorbildern sollen ähnliche Beispiele improvisatorisch nachempfunden werden.

MEDIEN: Alle Harmonie-, Melodie- und Rhythmusinstrumente
SOZIALFORM: Arbeit in Kleingruppen

INTENTIONEN/ERLÄUTERUNGEN

Unter musikalischer Form versteht man die rhythmische, harmonische und melodische Gestaltung eines Tonmaterials. Daneben können Tonqualitäten wie Dauer, Höhe, Stärke und Farbe zu Mitteln der Formung werden.

Die Gestaltung der Form kann entweder durch Reihung oder durch Entwicklung eines thematischen Materials erfolgen.

Zu den Reihungsformen gehören alle Lied- und Rondoformen, zu den Entwicklungsformen alle polyphonen Formen bis hin zur Fuge, die Suitenform, die klassische Sonatenhauptsatzform und freie Formen, wie etwa die sinfonische Dichtung.

Sinn der improvisatorischen Auseinandersetzung mit musikalischen Formprinzipien kann es sein, Formtypen quasi als Gerippe für musikalische Entwicklungen, als Ausgangsbasis von Spannung und Entspannung, Kontrastbildung etc. kennenzulernen, um somit tiefer in die inneren Strukturen von Musik durch eigene Auseinandersetzung und Gestaltung des musikalischen Materials eindringen zu können.

Ausgangsbasis für Liedformen ist zumeist die achttaktige Periode (Periode = Umlauf).

Beispiel:

Kurzanalyse: Das Lied besteht aus dreimal vier Takten, wobei die Takte 1—4 den Takten 9—12 entsprechen. Die Takte 5 und 6 bringen eine neue Idee, werden in 7 und 8 wiederholt und enden mit einer harmonischen Spannung (Ende der Phrase auf der Dominante).

Hilfestellung: Die Beispiele können aus Liederbüchern gesucht werden, die neben Text und Melodie auch die harmonischen Bezeichnungen für eine Gitarrenbegleitung führen. Dadurch fällt die Begleitung durch Harmonieinstrumente leichter.

4.2.2 DAS MENUETT*

1. In Kleingruppen werden bekannte Menuette auf ihren thematischen Gehalt und auf die Kadenzfolge hin analysiert.

2. Entsprechend den gefundenen Vorbildern wird nun versucht, ähnliche Beispiele improvisatorisch nachzugestalten. Dazu legt man zwei sich ergänzende Motive von z. B. je 2 Takten Länge fest und einigt sich auch grob über die gewünschte Harmoniefolge. Schließlich vereinbart man noch eine Schlußformel.

*siehe auch Kapitel 3.1.5.1

Sie ist teilbar in Vordersatz und Nachsatz:

A Periode (Großbuchstaben)

Vordersatz (Kleinbuchstaben) Nachsatz

Oder in Vordersatz — Mittelsatz — Nachsatz:

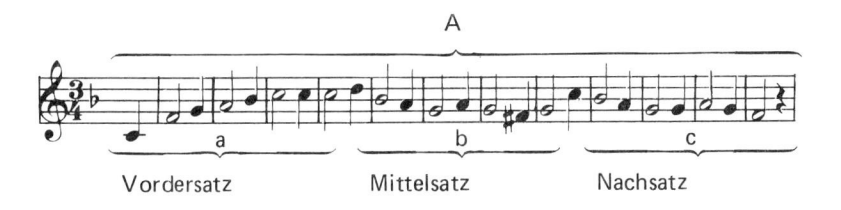

A

Vordersatz Mittelsatz Nachsatz

Die Kadenz, die harmonische Sützung, kann als Interpunktion verstanden werden:

Eine Periode ist in sich beruhigt, wenn sie in der Grundtonart schließt.

Endet sie aber mit einem Halbschluß (Ende der Periode auf der Dominante), einem Trugschluß (Ende der Periode in der parallelen Molltonart) oder als Modulationsschluß (Ende der Periode in einer beliebigen verwandten Tonart), dann bleibt die tonale Spannung erhalten, und das Stück bedarf einer Fortsetzung wie ein Satz nach der Hebung vor dem Komma.

MEDIEN: Alle Harmonie-, Melodie- und Rhythmusinstrumente

SOZIALFORM: Arbeit in Kleingruppen, Gesamtgruppenarbeit

Beispiel:

Motiv a) Motiv b)

G-Dur

Harmoniefolge:
4 Takte G-dur, 4 Takte C-dur
4 Takte G-dur, 2 Takte C-dur
1 Takt D-dur Septakkord, 1 Takt G-dur.

3. Durch das Zusammenwirken von 3 Instrumentalgruppen wird das Menuett zusammengesetzt.

Gruppe A spielt das Harmonieschema mit Gitarren, Klavier und Orff-Instrumenten.

Gruppe B untermalt rhythmisch im Sinne eines Menuetts.

Spieler von Melodieinstrumenten der Gruppe C versuchen, eine Menuettmelodie aus Motivbausteinen, ihren Wiederholungen und Sequenzierungen usw. improvisatorisch zu gestalten.

INTENTIONEN/ERLÄUTERUNGEN

Das vorliegende Menuett von Johann Sebastian Bach besteht aus 3 Teilen: Teil A, (Takt 1—16) wird wiederholt, steht in G-dur. Teil B (Takt 17—32) steht zunächst in e-moll, moduliert im zweiten Teil zur Dominante D-dur. Der dritte Teil (Takt 33—40) wiederholt die Takte 9—16 des ersten Teiles, also Teil A.

Motivisch zehren die ersten 16 Takte des Menuetts von einem sehr geringen Tonmaterial: Motiv a und Motiv b

Der Rest der melodischen Linie besteht aus Wiederholungen, Sequenzen und der Schlußformel. Der B-Teil benutzt harmonisch zunächst die Tonika-Parallele e-moll. Thematisch arbeitet er mit einer aus dem ersten Motiv entwickelten Formel:

Auch alle anderen melodischen Wendungen sind im Prinzip schon im A-Teil vorhanden, nur spielerisch weiterentwickelt.

4.2.3 DAS RONDO

Die Gesamtgruppe, aufgeteilt in Melodie-, Harmonie- und Rhythmusspieler, improvisiert eine vier, acht oder sechzehntaktige Melodie, die als Kehrreim immer wieder von allen angestimmt werden kann:

Kehrreim:

Ein Spieler nach dem anderen erhält zwischen den Kehrreimen die Möglichkeit, je nach Absprache verschieden lange Couplets zu erfinden. Begleitet wird er nur von einem einfachen Rhythmus. Dadurch erhält er eine rhythmische Orientierung, wird aber in seinem Erfindungsreichtum melodisch und harmonisch nicht eingeschränkt.

Beispiel eines Couplets:

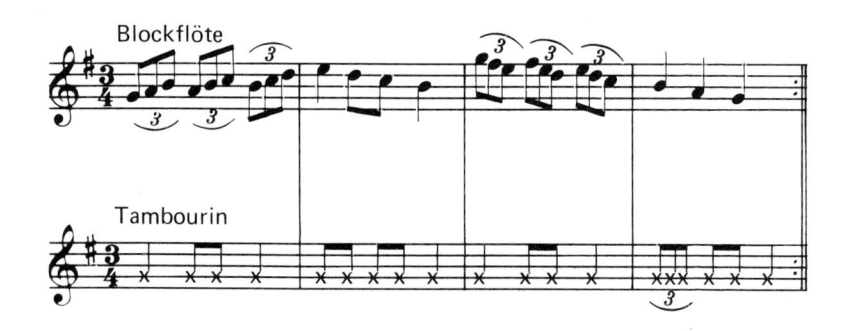

Blockflöte

Tambourin

Erweiterungen

Es bilden sich Kleingruppen, in denen differenzierte Rondos erarbeitet werden können.

MEDIEN: Alle Harmonie-, Melodie- und Rhythmusinstrumente

SOZIALFORM: Arbeit in Kleingruppen

INTENTIONEN/ERLÄUTERUNGEN

Das Rondo entwickelte sich aus dem gesungenen und getanzten Rundgesang (Rondellus, Rondeau).

Ein Kehrreim (Refrain, Ritornell) wird von allen gemeinsam getanzt, dazwischen führen Einzelpaare Sondereinlagen (Couplets) auf. Die Form des Rondos ist erfüllt, wenn mindestens zwei unterschiedliche Couplets von drei Kehrreimen eingerahmt werden. Durch die Kehrreime erhält das Stück ein Ordnungsmoment, während in den Couplets auch musikalisch etwas gewagt werden kann.

Es empfiehlt sich, Rondos in der tradierten Musik (Bach, E-dur Violinkonzert, 3. Satz; Beethoven, „Frühlingssonate" für Violine und Klavier, 4. Satz) anzuhören und zu analysieren, mit welchen Mitteln die Komponisten das Rondo jeweils gestaltet haben.

4.2.4 DIE VARIATION

Die Gruppe teilt sich in Melodie- und Rhythmusspieler. Man einigt sich auf ein Thema, das von allen gemeinsam gespielt und rhythmisch untermalt wird.

Beispiel:

Ein Spieler nach dem anderen überlegt sich eine Veränderung des Themas und trägt sie zunächst allein, dann von allen rhythmisch begleitet, vor.

Erweiterungen

1. Man sucht sich Lieder oder kleine Spielstücke und variiert diese in der Gruppe
2. Man versucht, selbst ein Thema mit Variation zu improvisieren und anschließend zu notieren.

MEDIEN: Alle Harmonie-, Melodie- und Rhythmusinstrumente
SOZIALFORM: Arbeit in Kleingruppen

INTENTIONEN/ERLÄUTERUNGEN

Typisch für das Wesen der Variation ist, daß bei allen melodischen, rhythmischen oder harmonischen Veränderungen der tragende Gedanke erhalten bleibt.

Das Thema muß immer erkennbar bleiben. Gerade an der Variation (lat. variation = Verschiedenheit) können sich musikalische Spielfreude, aber auch Einsichten in die Gestaltungsmöglichkeiten von Musik entwickeln.

Kleine Veränderungen können bewirken, daß ein Stück einen völlig anderen Charakter erhält.

Beispiele für Variationsansätze:

Gegebene Melodie

Veränderung durch Diminution (Verkleinerung der Notenwerte)

Veränderung durch Augmentation (Vergrößerung der Notenwerte)

Veränderung durch andersartige Rhythmisierung

Veränderung durch Taktwechsel (Schwerpunktverlagerung im Takt)

4.2.5 DIE SONATENHAUPTSATZFORM

Die Gruppe teilt sich in Melodie- und Rhythmusspieler und überlegt sich zwei Themen. Das erste Thema soll rhythmisch prägnant sein. Das zweite Thema kann eher lyrischer Natur sein und sollte auf einer anderen Tonstufe stehen.

Beide Themen werden für alle sichtbar auf einer Tafel oder mit Filzschreiber auf Tapetenrückseiten notiert, ebenfalls eine Grafik der Sonatenhauptsatzform.

Exposition:	*Durchführung:*	*Reprise:*
1. Thema	Mit beiden Themen	1. Thema
Überleitung	wird gleichzeitig gearbeitet:	Überleitung
2. Thema	motivisch, harmonisch	2. Thema
Wiederholung	klanglich, rhythmisch	Coda mit Schlußwirkung

Bei Exposition und Reprise spielt jeweils ein Melodiespieler das erste bzw. zweite Thema. Alle anderen Mitspieler begleiten diesen Teil rhythmisch. Bei der Durchführung können bis zu vier Spieler gleichzeitig versuchen,

Metrische Veränderung durch Auftaktbildung

Harmonische Veränderung (Mollvariation)

Veränderung durch Umspielung und Hinzufügung von Zwischennoten

MEDIEN: Alle Melodie- und Rhythmusinstrumente
SOZIALFORM: Arbeit in Kleingruppen

INTENTIONEN/ERLÄUTERUNGEN

Der erste Satz klassischer Musikstücke (Sonate, Symphonie, Konzert, Streichquartett) steht zumeist in der Sonatenhauptsatzform. Hat man dieses Formschema erfaßt, fällt es relativ leicht, dem Ablauf eines Satzes formal zu folgen.

Nicht die spielerische Entwicklung eines Motives steht im Vordergrund des Geschehens (wie etwa in den Inventionen oder den Brandenburgischen Konzerten von Johann Sebastian Bach), sondern der Gegensatz zweier musikalischer Gedanken und ihre dialektische Entfaltung.

In der *Exposition* (Vortrag des thematischen Materials) wird ein erstes Thema, meist energisch-rhythmischer Natur, einem zweiten Thema, meist lyrisch-gesanglichen Charakters, gegenübergestellt.

In der *Durchführung* wird mit beiden Themen gearbeitet. Sie werden motivisch, harmonisch, rhythmisch oder klanglich immer wieder neu beleuchtet, zur Diskussion gestellt, miteinander verwoben. Durch diese Auseinandersetzung sollte sich die Haltung des Hörers verändern, so daß er die Themen, wenn sie in der *Reprise* nochmals vorgetragen werden, unter einem ganz anderen Blickwinkel wiederhört.

Mit der Sonatenhauptsatzform hat Musik ihre Beliebigkeit verloren. Sie wird zu einem Mittel der rationalen Auseinandersetzung mit der Umwelt. Sie stellt erhöhte Ansprüche nicht nur an den Musiker, sondern gerade auch an den Hörer.

das thematische Material einzubringen, motivisch, klanglich oder harmonisch abzuändern, zu sequenzieren oder charakterlich zu verändern.
Differenziertere Sonatenhauptsatzformen können in der Kleingruppe erarbeitet und anschließend notiert werden.

4.2.6 DIE FUGENFORM

Die Gruppe einigt sich auf ein harmonisch nicht bindendes Tonmaterial, z. B. die Töne d—e—g—a—c.

Jeweils vier Spieler von Melodieinstrumenten vereinen sich zu einer Kleingruppe.

Man einigt sich auf ein markantes, aber einfaches Fugenthema, von dem man ausgeht, z. B.:

Spieler A beginnt mit dem Thema und improvisiert anschließend frei weiter. Nach vier Takten setzt Spieler B mit dem Thema ein, nach jeweils weiteren vier Takten beginnen die Spieler C und D.

Nach einem beliebig langen improvisierten Zwischenspiel kann eine weitere Durchführung des Themas, z. B. im Krebsgang (das Thema von hinten gelesen) erfolgen, indem nun Spieler D beginnt und alle anderen wiederum in 4-Takt-Folge einsetzen:

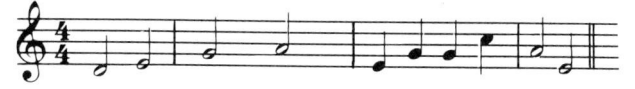

Nach dem weiteren freien Zwischenspiel kann nochmals die erste Exposition vorgetragen werden.

Zur Übung sollten selbstimprovisierte Fugen auch einmal notiert werden (Siehe dazu auch Kapitel 3.1.4.1 + 3.1.4.2).

Besonders geeignete Analysebeispiele sind:
Der erste Satz der 1. Symphonie von L. van Beethoven, der erste Satz der Symphonie KV 201 A-dur von W. A. Mozart.
Vergleiche dazu auch: Rudolf Kloiber, Handbuch der klassischen und romantischen Symphonien. Breitkopf & Härtel, Wiesbaden 1964.

MEDIEN: Alle schulischen und Spielereigenen Melodieinstrumente

SOZIALFORM: Arbeit in Vierergruppen

INTENTIONEN/ERLÄUTERUNGEN

Entwicklungsformen wie Fuge oder Sonatenform erhalten ihre Spannung aus der verschiedenartigen Formung des thematischen Grundmaterials. Die Fuge ist die bedeutendste polyphone Form.

Sie besteht aus der Fugenexposition, bei der jede Stimme das Thema einmal vorträgt, den Durchführungen, in denen mit dem thematischen Material gearbeitet wird, den verbindenden Zwischenspielen und eventuell einer Coda.

Zum Aufbau einer Fugenexposition: Ein Thema wird einstimmig eingeführt (Dux = Führer). Dann übernimmt die zweite Stimme (Comes = Gefährte) dieses Thema, während die erste Stimme im Kontrapunkt (Punktus kontra Punktus = Note gegen Note) spielt. Je nach Anzahl der Stimmen wiederholt sich dieser Vorgang. Die Fugenexposition ist beendet, wenn die zuletzt einsetzende Stimme das Thema vollendet hat.

Grafischer Verlauf einer Fugenexposition:

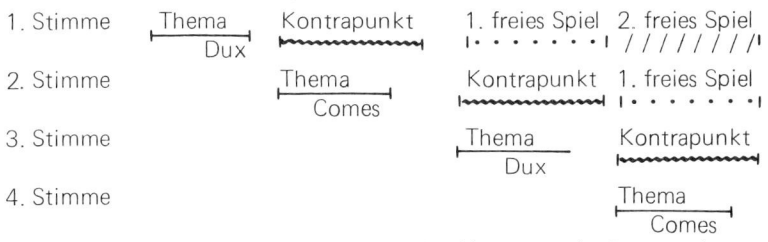

1. Stimme	Thema (Dux)	Kontrapunkt	1. freies Spiel	2. freies Spiel
2. Stimme		Thema (Comes)	Kontrapunkt	1. freies Spiel
3. Stimme			Thema (Dux)	Kontrapunkt
4. Stimme				Thema (Comes)

Natürlich besteht bei den Fugen Bachs oder Mozarts auch eine enge harmonische Beziehung zwischen den Stimmen. Bei einer improvisatorischen Nachgestaltung genügt es aber, das Prinzip des Fugenaufbaus zu erkennen und die Fähigkeit zu entwickeln, während des eigenen Musizierens das Spiel der anderen Stimmen zu verfolgen.

Den Fugenimprovisationen sollte unbedingt eine Auseinandersetzung mit Bach'schen Fugen parallel laufen, wobei sich neben den Fugen aus dem Wohltemperierten Klavier vor allem die „Kunst der Fuge" zur analytischen Auseinandersetzung anbietet. (Siehe auch Kapitel 3.1.4).

Ausgesuchte allgemeinpädagogische Literatur, in der wichtige Aussagen zum Umfeld Kreativität und Kommunikation enthalten sind.

Antholz, Heinz: Unterricht in Musik, Düsseldorf 1972
Abel-Struth, Sigrid: Ziele des Musik-Lernens, Mainz 1978
Baacke, Dieter: Kommunikation und Kompetenz, München 1973
Bruner, Jerome S.: Der Prozeß der Erziehung, Düsseldorf 1976
— Entwurf einer Unterrichtstheorie, Berlin 1974
Birkenbihl, Vera F.: Kommunikationstraining, München 1978
Coburn-Staege, Ursula: Der Rollenbegriff, Heidelberg 1973
Correll, Werner: Lernpsychologie, Donauwörth 1971
Curtis, Mechthild (Hg.): Theorien der künstlerischen Produktivität, Frankfurt 1976
Eco, Umberto: Einführung in die Semiotik, münchen 1972
Eggert, Dietrich u.a.: Die Bedeutung der Motorik für die Entwicklung normaler und behinderter Kinder, Stuttgart 1972
Fischer, Wilfried u.a.: Musikunterricht Grundschule, Lehrerband Teil I, Mainz 1977
Grell, Jochen und Monika: Unterrichtsrezepte, München 1979
Grundke, Peter: Interaktionserziehung in der Schule, München 1975
Heimann, Paul u.a.: Unterricht, Analyse und Planung, Hannover 1975
Heise, Walter u.a. (Hg.) Quellentexte zur Musikpädagogik, Regensburg 1973
Hentig, Hartmut von: Systemzwang und Selbstbestimmung, Stuttgart 1970
— Was ist eine humane Schule? München 1976
Jacobs, Bernhard; Strittmatter, Peter: Der schulängstliche Schüler, München 1979
Kowalski, Klaus: Die Wirkung visueller Zeichen, Stuttgart 1975
Lehr, Wilhelm: Musik und Kreativität, München 1979
Leontjev, A. N.: Tätigkeit, Bewußtsein, Persönlichkeit. Stuttgart 1977
Longart, Wolfgang: Musikerziehung braucht Phantasie, Essen 1968
Mann, Iris: Lernen durch Handeln, München 1977
Mayrhofer, Hans; Zacharias, Wolfgang: Ästhetische Erziehung, Hamburg 1976
Meyer, Hilbert L.: Trainingsprogramm zur Lernzielanalyse, Frankfurt 1979
Mühle, Günther; Schell, Christa: Kreativität und Schule, München 1970
Nykrin, Rudolf: Erfahrungserschließende Musikerziehung, Regensburg 1978
Pape, Winfried: Musikkonsum und Musikunterricht, Düsseldorf 1974
Popp, Walter (Hg.): Kommunikative Didaktik, Weinheim 1976
Rauhe, Reinecke, Ribke: Hören und Verstehen, München 1976
Schenk-Danzinger: Entwicklungspsychologie, Wien 1979
Venus, Dankmar: Unterweisung im Musikhören, Wuppertal 1969
Vester, Frederic: Denken, Lernen, Vergessen, Stuttgart 1975
Wagner, Angelika C. u.a.: Schülerzentrierter Unterricht, München 1976
Watzlawick, Paul u.a.: Menschliche Kommunikation, Bern 1974

Ausgesuchte Literatur zum Thema Improvisation mit konkreten Anregungen für die Unterrichtspraxis

Bibliographien

Improvisation in Musik und Musikerziehung — Kreativität, in: Musik und Bildung Heft 5, Mainz 1970

Improvisation — Kreativität II, in: Musik und Bildung Heft 5, Mainz 1973

Arbeitsbücher/Protokolle/Berichte

Blasl, Franz (Hg.): Experimente im Musikunterricht, Wien 1974

Bresgen, Cesar: Die Improvisation, Heidelberg 1960

Friedemann, Lilli: Gemeinsame Improvisation auf Instrumenten, Kassel 1974

— Kollektivimprovisation als Studium und Gestaltung Neuer Musik, Wien 1969

— Einstiege in neue Klangbereiche durch Gruppenimprovisation, Wien 1973

Keller, Wilhelm: Ludi musici: Boppard 1972

Köneke, Hans W: Improvisation für elementares Instrumentarium im Klassenverband, in: Willi Gundlach und Wolfgang Schmidt-Brunner: Praxis des Musikunterrichts, Mainz 1977

Meyer-Denkmann, Gertrud: Klangexperimente und Gestaltungsversuche im Kindesalter, Wien 1970

Meyer-Denkmann, Gertrud: Struktur und Praxis Neuer Musik im Unterricht, Wien 1972

Mozart, Wolfgang A.: Musikalisches Würfelspiel, Mainz 1956

Noll, Günther: Zur didaktischen Position der musikalischen Improvisation — heute, in: Forschung in der Musikerziehung 5/6, Mainz 1971

Paynter, John, Aston, Peter: Klang und Ausdruck, Wien 1972

Reusch, Fritz: Elementares Musikschaffen I u. II, London 1952 u. 53.

Roscher, Wolfgang: Ästhetische Erziehung, Improvisation, Musiktheater, Hannover 1970

Scholl, Peter Matthias: Die Improvisation im Musikunterricht der Schule, Diss. an der Universität des Saarlandes 1978

Stumme, Wolfgang: Über Improvisation, Mainz 1973

Wehle, Gerhard F.: Die Kunst der Improvisation I u. II, Hamburg 1950

Notizen

Notizen

Notizen

Notizen

Notizen